U0852561

阅读成就思想……

Read to Achieve

READING 'CAPITAL' TODAY

再读《资本论》

[德] 英戈·施密特（Ingo Schmidt）
[加] 卡洛·法内利（Carlo Fanelli）/主编
郑吉伟 等/译

中国人民大学出版社
·北京·

图书在版编目（CIP）数据

再读《资本论》/（德）英戈·施密特（Ingo Schmidt），（加）卡洛·法内利（Carlo Fanelli）主编；郑吉伟等译. -- 北京：中国人民大学出版社，2021.3

ISBN 978-7-300-28957-1

Ⅰ. ①再… Ⅱ. ①英… ②卡… ③郑… Ⅲ. ①《资本论》—马克思著作研究—文集 Ⅳ. ① A811.23-53

中国版本图书馆 CIP 数据核字（2021）第 021956 号

再读《资本论》

［德］英戈·施密特（Ingo Schmidt）

［加］卡洛·法内利（Carlo Fanelli）/主编

郑吉伟 等/译

Zaidu《Ziben Lun》

出版发行	中国人民大学出版社		
社　　址	北京中关村大街 31 号	**邮政编码**	100080
电　　话	010－62511242（总编室）		010－62511770（质管部）
	010－82501766（邮购部）		010－62514148（门市部）
	010－62515195（发行公司）		010－62515275（盗版举报）
网　　址	http://www.crup.com.cn		
经　　销	新华书店		
印　　刷	北京联兴盛业印刷股份有限公司		
规　　格	148mm × 210mm　32 开本	**版　　次**	2021 年 3 月第 1 版
印　　张	8.125　插页 2	**印　　次**	2021 年 3 月第 1 次印刷
字　　数	182 000	**定　　价**	69.00 元

译者序

《资本论》自 1867 年第 1 卷出版以来，一直受到人们的关注。2013 年，联合国教科文组织（UNESCO）正式将马克思和恩格斯的两部作品纳入《世界记忆名录》：一部是《共产党宣言》手稿，另一部是《资本论》第 1 卷马克思自注本。美国历史学家帕马克·凯什岚斯基（Mark Kishlansky）等在《西方文明史：延续不断的遗产》中指出："马克思思想的力量动员了千千万万意识到资本主义不公的同时代的人。很少有思想家留下了比马克思的思想更为持久的遗产。马克思的思想在诸多理论家和学者的曲解、反对和批判中幸存下来。马克思是一位集大成者，他在对工业社会的大范围批判中综合了经济学、哲学、政治学和历史学。"可见，《资本论》和马克思的思想作为人类文明的遗产得到了人们的广泛认同。当然，《再读〈资本论〉》并不是一本介绍《资本论》的初级读物，不适合那些刚刚接触《资本论》的读者。对于研究《资本论》并希望探索其应用价值的读者来说，这将是一个比较理想的文本。

我国学术界最近几年翻译了不少研究《资本论》的著作和学术论文。我在翻译本书过程中，也关注了尼克·穆尔（Nick Moore）、费边·范·昂森（Fabian Van Onzen）等国外学者为本书写的书评。这里，我结合翻译本书的体会、国外学者对本书的看法以及与我国学术界最近几年关于研究《资本论》的其他译本的比较，谈几点粗浅的看法。

首先，本书突出了《资本论》的实践性，有利于我们全面把握《资本论》思想的精髓。

《资本论》本身是马克思领导工人阶级进行斗争的实践的产物。斯拉沃热·齐泽克（Slavoj Zizek）等人试图把马克思描绘成一个不从事实际政治实践的人，因为他花了很多时间在大英图书馆写作《资本论》。这是对马克思的误解。随着《马克思恩格斯全集》历史考证版第二版，即《资本论》及其手稿的完成，我国学术界近年来对于《资本论》的研究多集中于探讨马克思阅读过的同时代的或之前的经济学家的著作以及对其进行的批判，进而探索马克思经济学思想的发展。但是，这种从理论到理论的文本研究并不能全面而科学地解释《资本论》的思想及其来源。马克思理论上对古典经济学及同时代经济学的批判和分析只是《资本论》思想形成的一个方面，更重要的方面是马克思参加的政治斗争。在本书的第 2 章中，威廉·佩尔茨考察了《资本论》与第一国际的关系，指出马克思在参与国际工人协会（IWMA）的过程中形成了《资本论》中的许多核心理论。国际工人协会对所有的经济和政治问题进行了实地研究，马克思使用了国际工人协会研究数据，构成了《资本论》的实证部分。国际工人协会的成员经常运用马克思的《资本论》中的一些思想，提出政治要求，如改善女性工人的生活等。

就《资本论》出版后的影响而言，它被称为工人阶级的“圣经”，具有鲜明的阶级性和指导性。1868 年，恩格斯在为马克思《资本论》第一卷写的书评中说：“自从世界上有资本家和工人以来，没有一本书像我们面前这本书一样，对于工人具有如此重要的意义。”费边·范·昂森在评论本书时说，本书“并不是单纯的经济学文本，而是帮助社会主义者了解政治斗争的形势，识别盟友和敌人，制定应对当今社会政治形势的战略的书籍”。可以预料，只要世界上还存在着资本主义社会，《资本论》所阐述的科学理论就仍然具有指导意义。正是由于《资本论》具有鲜明的实践性和阶级性，围绕《资本论》的争论就不会停止，《资本论》受到的质疑、批判和“重新发现”也不会停止。

其次，本书将《资本论》研究与当今资本主义发展结合起来，为我们深化《资本论》研究提供了一定程度上的借鉴。

我国长期以来对《资本论》进行了深入研究，老一代经济学家王亚南、郭大力、孙冶方、薛暮桥、王思华、王学文、许涤新、关梦觉、陶大镛、骆耕漠、漆琪生、宋涛、周守正等都是在《资本论》研究方面颇有建树的学者。20 世纪 80 年代以来，我国先后成立了高等师范院校《资本论》研究会（1980）、中国《资本论》研究会（1981）、全国高等财经院校《资本论》研究会（1983），还有全国党校系统《资本论》研究会及一些省市的《资本论》研究会。《资本论》研究在长期兴盛之后，也一度陷入低潮。近年来，我国对于《资本论》的研究又活跃了起来。

深化《资本论》的研究有多种方式和方法，但是主要有三个层面。第一个层面是对《资本论》的世界观和辩证法的研究。这方面的理论成果主要有：苏联学者罗森塔尔的《马克思“资本论”中的辩证法问题》（三联书店 1957 年版）、英国学者克里斯多夫·约翰·阿瑟（Christopher John Arthur）的《新辩证法与马克思的〈资本论〉》（北京师范大学出版社 2018 年版）、我国学者刘炯忠《〈资本论〉的方法论研究》（中国人民大学出版社 1991 年版）等。近年来，从哲学层面研究《资本论》，探讨其蕴含的世界观和方法论成为学术界的突出现象。马克思于1845年在《德意志意识形态》中创立了唯物史观，其“共产主义世界观”在《哲学的贫困》和《共产党宣言》中“问世”，并以此为基础在《资本论》中研究资本主义经济，揭示了资本主义剥削的秘密和资本主义发展的历史趋势。从马克思思想发展看，《共产党宣言》是《资本论》的“入门”，《资本论》是唯物史观的具体运用。从20世纪上半期开始，一直有学者甚至理论功底深厚的专家不断地探索《资本论》的哲学思想，但是这种“形而上”的研究范式很难取得令人瞩目的成果。第二个层面是探索《资本论》本身的原理和逻辑结构。长期以来，我国和苏联学术界在这方面进行了深入的研究并取得了十分丰硕的理论成果。我国几代马克思主义经济学家深入研究了《资本论》的各个方面，甚至有人挖掘《资本论》中引用的典故和神话。仅仅从《资本论》研究的“学术史”看，我国就出版了《对〈资本论〉若干理论问题争论的看法》《政治经济学热点难点争鸣》等著作。第三个层面是《资本论》与现实问题的结合。《资本论》“在科学上严格地证明了的现代资本主义社会制度的一些主要规律”，最终目的是指导工人阶级进行“利用这种财富和生产力来为全社会服务”的斗争。马克思主义者的重要使命就是以《资本论》为指导深入研究现实问题，特别是研究当代资本主义问题。这种“形而下”的研究范式也蕴藏着学术上的巨大“富矿”。本书的某些观点并不正确，但是其力图将《资本论》与当代资本主义面临的各种问题，如生态、性别、阶级变化等结合起来是值得我们关注的。

最后，本书在一定程度上反映了西方学术界在《资本论》研究方面的新成果。

《再读〈资本论〉》的英文版出版于2017年，旨在纪念《资本论》第一卷出版150周年。在2017年，西方学术界除了本书之外，还出版了一些研究《资本论》的著作，如约瑟夫·库拉纳（Joseph Choonara）的《〈资本论〉导读》（*A Reader's Guide to Marx's Capital*）等。同年，西方学者还发表了一些学术论文，如凯文·B. 安德森（Kevin B. Anderson）的《150周年之后的马克思〈资本论〉：革命的反映》（*Marx's Capital after 150 Years: Revolutionary Reflection*）等。一般情况下，这类学术成果都具有总结性或概括性特征，反映了西方学术界近些年在《资本论》研究方面的最新进展。

我们从本书中可以管窥西方学术界对于《资本论》的争论和研究状况。劳动价值论是学术界关注的重要的问题。在本书第4章中，普拉哈特·帕特奈克也对劳动价值论进行了研究，认为用货币商品来解释许多非货币商品之间的相对价格是错误的。他提出劳动价值论要解决商品与非货币商品之间的相对交换比率，特别是其中的"元规则"。显然，帕特奈克从交换而不是从生产角度研究劳动价值论，因此犯了方向性的错误。保罗·梅森（Paul Mason）和安东尼奥·内格里（Antonio Negri）等经济学家坚持认知资本主义理论，认为价值不再以劳动时间为基础，而是以信息和知识资本为基础。保罗·汤普森和克里斯·史密斯在本书的第7章对这种观点进行了批判，认为这些经济学家没有正确理解劳动力对资本的从属关系，对资本在新产业中的运作方式未能进行任何分析，也缺乏对价值形态的理解。女性的家务劳动是20世纪70年代以来争论的重要问题。西尔维娅·费德里西在本书的第5章考察了意大利社会主义女权主义者玛利亚罗莎·达拉·科斯特的著作引发的关于家务劳动性质的讨论。科斯特认为家庭主妇通过生产劳动力商品从事生产性劳动，呼吁家庭主妇们组织工会，要求政府给她们发工资。但是，大多数社会主义女权主义者反对家务劳动的工资运动。费德里西在第5章中对西方学术界的争论进行了分析，有助于我们进一步理解西方关于女性解放的观点。这里补充的一点的是，1981年，安吉拉·戴维斯（Angela Davis）在《女性、种族和阶级》（*Women, Race, and Class*）一书中也指出达拉·科斯塔只是在分析白人女性的经历，她错误地将白人女性的地位普遍化了。戴维斯强调社会主义女权主义者不应该要求为家务劳动支付工资，而应该要求家务劳动的工业化，以便把妇女从家务劳动中解放出来。当然，费德里西提出的所谓“两种不同的马克思”的看法是不正确的。

此外，本书是一本论文集。人们通常认为，专著能够围绕一个主题进行深入研究，而论文集则在一个大的主题下，对诸多问题进行发散式的探讨。就西方学者将《资本论》与当代资本主义结合起来进行研究来说，论文集形式可能会更好一些，这是因为当代资本主义面临着如生态、性别、文化等许多方面的问题，无论哪一位学者恐怕都无法胜任所有这些方面的研究和批判。相反，论文集通过发挥学者的专长，选取一些重要主题，再结合《资本论》进行研究，就能够实现这一目标。

尽管我们所处的时代同马克思所处的时代相比发生了巨大而深刻的变化，但从世界社会主义500年的大视野来看，我们依然处在马克思主义所指明的历史时代。当前，我们应该以《资本论》所阐明的科学原理为指导深入研究当代资本主义问题。本书将《资本论》

的研究与当代资本主义面临的一些突出问题结合起来，提出了一些有价值的观点。当然，由于研究方法或立场等局限，西方学者在本书中也对《资本论》和资本主义面临的问题做出片面的或不充分的解读。我们在阅读本书时，应该注意到这一点。

我翻译了本书的“导言”和第2、3、5、6、8、10章。中国人民大学马克思主义学院的几位博士生承担了一些翻译工作：郭发（第1章）、宋鑫（第4章）、苏娜（第7章）、张真真（第9章、“作者简介”）。译稿最后是由我统一修改后定稿的。几位博士生第一次翻译出版著作，但是在这个过程中展现出了较高的理论素养和良好的敬业与合作精神。出版社编辑老师的认真负责更是保证了本书的质量。在此，向编辑老师和几位博士生表达深深的谢意。当然，任何翻译上的疏漏都是我本人的责任。在此，恳请读者提出宝贵意见。

郑吉伟

于中国人民大学人文楼

目　录

导 言

150 年后的《资本论》

英戈·施密特和卡洛·法内利

为什么要读《资本论》？1867 年《资本论》出版之后，越来越多的社会主义者开始关注它，或者引入恩格斯和卡尔·考茨基（Karl Kautsky）对它的阐述，旨在理解自身面对的情形。但是，多数西欧社会主义者在第一国际和第二国际时期准备的革命却发生在俄国，而这个国家几乎还未形成马克思所说的资本逻辑，马克思所设想的掘墓人——工人阶级甚至人数更少。借用安东尼奥·葛兰西（Antonio Gramsci）的话说就是，1917 年革命是反《资本论》的革命。

又一个 50 年之后，新一代左派人士受到南方国家（the South）反殖民革命的激励，再加上对苏联共产主义与西方资本主义支配的世界的不满，他们也将目光转向了《资本论》。苏联非正统的其他一些马克思主义者在东西方寻找可以重新开启革命的思想。新左派（New Left）发现马克思著作的新内涵后不久，资本家似乎考虑到 20 世纪 70 年代的社会动荡和经济危机的叠加，也已经开始留意《资本论》，试图找到在新旧工业区里用更少的钱从工人身上榨取更多剩余价值的方法。

事实上，从 20 世纪 80 年代起，反对改革的新自由主义资产阶级开始抵制新旧左派建立《资本论》画像后的世界。在苏联因自身官僚主义的重压而解体之后，情况尤其如此。在反《资本论》的革命进行100年之后，这个世界更像是马克思在150年之前所描述的世界。但是，不断扩大的市场需要使资本延伸到全世界，各类工人组织也在努力避免推动资本家转向资本主义生产关系或社会主义理论家未触及的领域。

在不断变动的历史背景下解读《资本论》

反《资本论》的俄国革命和随后的其他革命并没有形成一种公平的替代发展模式。第二次世界大战之后，福利国家作为努力遏制共产主义进一步扩张的一部分，其社会安全网的作用在下降。工人和其他社会运动围绕着历史上马克思主义者忽视的一些问题组织起来，也陷入了几十年来不可避免的（更不用说逆转）自上而下的资本主义阶级斗争的困境之中。但是20世纪，毋庸置疑，在资本逻辑展开之时，努力战胜（至少是驯服）资本主义的斗争的重要性不亚于当前全球资本主义形成过程的斗争。现在，在《资本论》出版以来推动历史前进的阶级斗争背景下，更重要的是在反《资本论》的革命背景下解读它，可能有助于我们理解社会主义为什么会遭遇挫折，以及如何利用过去社会主义的经验和资本主义当前危机催生的不满来建立新的社会主义。这些经验包括在不同社会背景下重新定位和适应社会主义战略。围绕《资本论》的争论在这些战略更新中发挥着重要作用。19世纪末，爱德华·伯恩施坦（Eduard Bernstein）、卡尔·考茨基和罗莎·卢森堡（Rosa Luxemburg）关于放弃在马克思对资本主义分析基础上的社会主义政治的争论，为

20 世纪战略调整的必要性的争论奠定了基调。

在伯恩施坦之后，经常有一些人认为，马克思对于资本主义的分析以及由此形成的社会主义政治只适用于马克思那个时代，而现存的资本主义完全不同，所以需要放弃马克思主义的社会主义。讽刺的是，努力放弃马克思主义的社会主义，将《资本论》与过时的历史书束之高阁、任其积灰的那些人，就是粉饰资本主义变化的当代修正主义者。在历史上，这些变化曾导致伯恩施坦反对马克思主义分析和社会主义。根据他们的观点，整个 19 世纪是资本主义的古典阶段，马克思是古典资本主义的分析家。《资本论》所确立的框架无法解释现存资本主义的这些变化；特别是根据现代修正主义者的看法，只有在 20 世纪才会出现国家干涉主义和生产过程自动化浪潮。

马克思主义者常常要应对修正主义的挑战，他们宣称马克思是正确的，马克思主义不需要任何发展。但是，随着《资本论》被抬到圣经的高度，它也就脱离了社会主义政治实践。自发实践中的曲折是由各种推理导致的，而不是以资本主义发展的相应环节的理论分析为指导造成的，这些推理也可能掺杂着大量马克思的引言。它的讽刺之处在于，考茨基确立了这种方法，努力将德国社会民主党（the German Social Democratic Party）内的马克思主义左派与修正主义右派调和起来，而真正的马克思主义的当代捍卫者常常又将他看作另一位修正主义者。苏联马克思主义者无休止地重复着列宁对他的前辈的指责，他们也只看到了考茨基的背叛。西方马克思主义者并没有什么政治实践，只能躲在正统马克思主义背后，指责考茨基常常与恩格斯一起，将马克思的批判理论错误地融入政治实践的实证主义谱系里。但是，这两种指责的关键都在于理论与实践相脱离了。

面对修正主义的挑战，卢森堡的应对有所不同，后来列宁和里昂·托洛茨基（Leon Trotsky）也采取了这种应对办法。他们认为，修正主义者声称已被接受的马克思主义的智慧不能解释当时资本主义的发展或马克思并没有阐述过的资本主义的某些方面，这是有一定道理的。同时，他们利用《资本论》和马克思的其他著作，形成了新的比考茨基的正统观点更接近实践的现实理论，相比伯恩施坦放弃马克思主义的做法，是更有系统性的策略制定。但是，为了使人们相信他们的修正主义的马克思主义，他们认为最好将自己的原创思想贴上正统马克思主义的标签，进而与考茨基和其他声称是马克思真正继承者的马克思主义者展开竞争。不管他们在理论和策略上的创造有什么价值，他们都以真正继承者的名义展开竞争，使得围绕马克思主义的争论在任何人看来都像是早已有之的学术争论。另外，他们通过自称的正统思想隐藏了他们创造的观点，不能激发类似的批判精神，阻碍了坚定的社会主义者形成新的思想。我们现在很难理解为什么原创性的思想家，如卢森堡、列宁和托洛茨基不被看作修正主义者。马克思在《资本论》中提出的资本主义的一般理论需要与变化的历史环境相结合，如果他们真的没有理解这一点，就无法像他们已经做到的那样进一步发展马克思主义理论了。

综上所述，可以看出，人们有可能从过去关于《资本论》的争论中吸取教训，从而更好地理解当代资本主义，但是也有可能陷入谁才是马克思最真实的遵循者的争论之中。为了避免这种危险，过去的争论就需要放在相应的历史背景下去理解。当社会主义战略陷入困境，无法用原先的理解再去解释时，就常常出现对《资本论》的新解读。理解每种对《资本论》的新解读的具体历史条件，有助于我们理解在当前不同的条件下，能从这些解读中学到什么。换言之，考察围绕《资本论》的一波又一波的争论的历史背景，有助于我们区分《资本论》中的某些方面与对它们的不同解读，有些解读适用于资本主义总体生产方式，有些解读则适用于特定时间和地点的资本主义生产方式。它也使我们看清了过去忽视或只是顺便阐述的问题；随着对《资本论》的新解读的出现，这些问题可能会被更好地理解。

资本主义时代的《资本论》

《资本论》写作和解读的历史背景是怎样的呢？ 1848 年欧洲革命失败之后，马克思开始写《资本论》。根据艾瑞克 · 霍布斯鲍姆（Eric Hobsbawm）的说法，这场革命的失败标志着从“革命的年代”转向“资本的年代”。尽管马克思在《资本论》的前言中声称它的目标是“揭示现代社会的经济运动规律”[①]，但是他的大量信件和他与“第一国际”（the First International）的来往清楚地表明，《资本论》的根本宗旨是理解工业领域新兴的工人阶级，马克思和恩格斯在之前的 1848 年革命中已经将这个阶级看作革命变革的执行人。他们认为，这场革命的失败验证了他们的论断，即应该适时地从反对封建统治的不同阶级的联合斗争转向独立的工人阶级运动。《资本论》的所有方面都旨在理解工人阶级形成这些运动的条件。

恩格斯、考茨基以及第一国际和第二国际的其他理论家基于

① 马克思，恩格斯. 马克思恩格斯文集：第 5 卷. 北京：人民出版社，2009：9.

《资本论》写了可以用来教育大众的大众化著作，促进了工人组织的发展。诸如恩格斯的《反杜林论》(*Anti-Dühring*)或考茨基的《卡尔·马克思的经济学说》(*Economic Doctrines of Karl Marx*)并没有对《资本论》进行深入的批判性研究，但是如果没有它们，马克思主义的社会主义就不会变为群众运动。马克思在《资本论》中的政治经济学批判与对这种批判的大众化阐述之间的差异表明，所有政治规划都具有双重特性，即不管怎样沿着“启蒙”的轨迹前行，都将对世界的理解看作改变世界的前提。马克思主义与自由主义一样，其所有的规划既依赖于批判分析，也依赖于对一系列思想和集体认同的群众支持。

我们在阐释马克思在《资本论》第1章中对商品和劳动的分析时，可能会说理论具有双重特性。我们也可能会说形成劳动的理论具有双重特性：它产生抽象的知识价值，并产生作为具体行为的政治动员的法律价值。理论的这两个方面存在于不稳定的关系中。如果知识的生产退化为更抽象的形式，它就只能产生与现实隔绝的教条，也将只能机械地联合起来支撑理论所声称的事业。另外，如果政治动员切断了与政治运动的理论基础的联系，或者将理论降为“口号传送机”，那么政治运动的内部凝聚力和对外部的吸引力就将会减弱。理想的状态是，理论家了解与政治运动相关的问题，以进一步展开分析，并与政治运动的激进分子讨论改进的理论。根据这种方式，理论与实践的持久对话将被建立起来。

令人痛心的是，马克思主义历史充满了太多没有按照这种方式发展的例子。《资本论》关注工业领域的新兴工人阶级在使资本家致富中发挥的作用：他们在争取更短工作日和更高报酬的斗争中推动了资本主义的发展。这在理论上支持工人阶级努力组织起来，使得西欧国家的社会主义政党和工会很难认识到殖民扩张和帝国主义竞争的重要影响，而帝国主义竞争最终引爆了第一次世界大战。第二国际中的左派企图使工人阶级组织起来反对殖民占领，反对帝国主义国家之间的军事竞赛和战争贩子行径。但是，他们呼吁国际主义的这种行为又具有理想主义色彩，无法与右派社会民主党人的现实主义观点相匹敌。现实主义观点主张利用殖民剥削来为西方工人阶级谋取物质利益。第二国际分裂为反帝国主义和赞成帝国主义两派，无法再有效地反对帝国主义战争。在第一次世界大战中，赞成帝国主义的一派支持他们各自的统治阶级；左派则支持反对殖民主义和战争的理论，这一理论后来发展成为共产主义和左派社会主义战略的标志。1916年出版的列宁的著作《帝国主义是资本主义的最高阶段》（*Imperilism: The Highest Style of Capitalism*）尤其如此。列宁在书中将资本主义描述为一种腐朽的制度，其中帝国主义链条最薄弱的环节——俄国出现了断裂，这可能导致帝国主义核心的资本主义统治被推翻。后来，西方无望再爆发革命，再加上列宁在《论民族自决权》（*The Right of Nations to Self-Determination*）中的诉求，对于资本主义的这种描述就成了后殖民国家实施发展主义计划（developmentalist projects）的大背景。

帝国主义时代的《资本论》

鲁道夫·希法亭（Rudolf Hilferding）的《金融资本》（*Finance Capital*）和卢森堡的《资本积累论》（*Accumulation of Capital*）并没有像列宁的理论那样对社会主义、发展主义或任何进步的计划产生类似的影响，这两部著作分别出版于 1911 年和 1913 年，时间上更接近马克思的《资本论》。希法亭引用最多的是马克思在《资本论》第 1 卷和第 3 卷中对货币和金融的分析，旨在分析他所看到的工业和银行融合的产物——金融资本，以及新生的金融资本家所追求的帝国主义政策。他将马克思在《资本论》中给出的范畴理解为马克思时代出现的资本主义的具体形式。希法亭认为，随着这些具体形式的发展，马克思的范畴也要进一步发展。希法亭看到需要调整马克思的范畴以适应历史的变化。卢森堡则将马克思的著作看作未完成的作品，因为马克思的分析工具依赖于纯粹的资本主义简单假设，其中只有资本家和工人，不存在任何非资本主义生产方式的踪迹。她认为，马克思并没有完成《资本论》，恩格斯在不完整手稿的基础上分别于 1885 年和 1894 年出版了《资本论》第 2 卷和第 3 卷。卢森堡认为，下一步要完成的马克思的著作就是要说明历史上资本主义如何在非资本主义世界中形成。卢森堡从批判马克思的社会再生产公式开始，她认为这个公式表明资本主义积累不受有效需求缺乏的约束。她的论断是：资本主义在信贷和军事力量的推动下向非资本主义地区扩张，从而创造出必需的市场，实现资本主义生产关系下产生的剩余价值。与马克思的关键论断不同的是，她认为纯粹资本主义经济下的积累将会受到有效需求不足的制约，如果资本家不能在非资本主义地区找到市场，资本主义就注定走向经济停滞。

金融和资本主义向非资本主义地区扩张是资本主义发展的一些表现，在此之前和之后，希法亭和卢森堡分别就这些问题写过著作。《金融资本》和《资本积累论》出版之后，它们在社会主义领域只引起了短暂的注意，因为第一次世界大战和俄国革命使社会主义面临着新的紧迫挑战。但是，苏联解体之后，金融掌控着资本主义在全球范围的重建，在俄国和其他国家的革命之后成为资本家禁区的地方又重新融入了世界市场，希法亭和卢森堡提出的问题再次出现在左派的“雷达显示器”上。此时，相比希法亭所理解的银行家和工业资本家的联合体，金融资本的形式呈现出更大、更隐蔽的特征。资本主义扩张不再采取殖民占领的特定形式——这种形式曾吸引了卢森堡的大部分注意力。苏联解体之后，上述问题开始重新变得紧迫起来。从 1914 年起，第二国际努力支持国家战争，使原来的有组织的马克思主义社会主义声名扫地。但此后的社会主义革命推动建立了新的马克思主义社会主义形式。

《资本论》与苏联共产主义

俄国革命促使人们重新解读《资本论》，旨在解决现实问题。工人理事会或者苏联的建立带来了这样一个问题，即新型政权形式是否能够形成机制，使工人阶级通过这些机制能够管理集体所有的生产方式，推翻资本主义下占少数的生产方式所有者强加在占大多数的受剥削的工人阶级头上的价值规律的统治。阐述这一问题需要严格区分资本主义生产方式的生产力与生产关系、非资本主义生产方式的相应生产力与生产关系。伊萨克·伊里奇·鲁宾（Isaak Illich Rubin）的《马克思价值理论论文集》（*Essays on Marx's Theory of Value*）和叶夫根尼·帕舒卡尼斯（Yevgeny Pashukanis）的《法的一般理论与马克思主义》（*The General Theory of Law and Marxism*）都是在 1924 年出版的，诸如此类的著作都运用《资本论》强调了开展经济活动和实施政权的具体资本主义形式。这些著作尽管高度抽象，但都支持布尔什维克党中的左派，试图建立真正的社会主义生产关系。这些愿望遭到了布尔什维克党中其他派别的反对，他们认为发展生产力应居首要地位。为了实现这个目标，“生产力派”（productivist currents）中的一些人企图将马克思分析资本主义生产方式的理论概念用作经济计划的工具。

马克思分析了从封建主义转变为资本主义生产关系的资本原始积累，普列奥布拉任斯基（Preobrazhensky）在他于 1926 年出版的《新经济学》（*New Economics*）中最早提出了社会主义也需要资本积累，旨在建立工业生产未来增长的基础。马克思用于分析经济积累的再生产公式，相应地被分为生产生产资料的部门和生产消费资料的部门，这已经成为自希法亭的《金融资本》和卢森堡的《资本积累论》出版以来，马克思主义关于帝国主义争论的支柱。从 1928 年起，马克思的再生产公式成了苏联第一个五年计划的核心，被用来分配苏联的经济资源。这种方式的目标不是克服价值规律的支配，而是使经济规划者自觉运用这一规律，从而避免资本主义生产关系下市场生产的无政府状态，也就是自发价值规律支配引起的人力和非人力资源的浪费。苏联在官僚主义统治巩固之后，牢牢确立了这种《资本论》的解读方式，使其成为苏联经济政策的基础。鲁宾和帕舒卡尼斯在 1937 年被处决，他们的思想也受到残酷压制。普列奥布拉任斯基属于托洛茨基周围的“左翼反对派”（Left Opposition），他被杀害一年后，斯大林占有了他的思想，并开始以自己的方式运用这些思想，超出了普列奥布拉任斯基建议将农民转化为工业工人阶级和加快工业产能建设的最初设想。

《资本论》与新左派

当然，斯大林统治时期出现的问题以及布尔什维克在1917年掌权之后未能成功地将革命推向西方工业化国家，给所有的社会主义者提出了新的问题。但是，大萧条（The Great Depression）似乎证实了人们可能从马克思的危机理论中得出的一个最黯淡的结论，从而平息了关于这些问题的争论。另外，苏联红军在打败纳粹德国时发挥的作用也再次赋予了苏联合法性。直到20世纪60年代，在完全不同的经济和政治条件下，新一代社会主义实践者和知识分子又提起了资本主义发展和革命之间的关系的问题。在史无前例的经济繁荣期间，认为危机、阶级斗争的激化和最终革命之间存在密切关系的人变少了。这些观点是第二国际时期马克思主义最初的主要内容，在共产国际时期和大萧条期间似乎更符合当时的情势，却在福利资本主义的新时代再次出现。

许多新左派分子将外围国家的反帝国主义斗争而非资本主义核心地区的危机看作革命的触发器。但是，从一定程度上说，这些斗争缩小了资本主义世界市场的规模，西方国家繁荣的基础也被削弱。反过来，以繁荣为基础的阶级斗争的缓和也是不稳定的。所以，南方外围国家反对资本主义剥削的斗争与西方国家的阶级斗争之间存在着统一性。列宁也将对殖民地的掠夺看作工人贵族的经济基础，他们主张阶级合作胜过阶级斗争。列宁已经有了上述论断的雏形。但是，帝国主义核心国家正在努力保持对外围国家的控制，尽管已经去殖民化，并且一些后殖民政权努力从政治独立转换到经济独立。安德烈·冈德·弗兰克（Andre Gunder Frank）的《不发达的发展》（*Development of Underdevelopment*）和伊曼纽尔（Emmanuel）

的《不平等交换》(*Unequal Exchange*) 分别于 1967 年和 1969 年出版，诸如此类的著作更为详细，并且结合新的实践对列宁的最初论断进行了阐述。

尤其是不平等交换理论在实践上支撑了列宁的论断，它运用马克思的劳动价值论来分析西方国家与南方国家工人之间根本不平等的真实世界。帝国主义的经典理论与新理论之间的另一个重要区别是，前者最关注殖民扩张对帝国主义核心国家资本积累的影响。另外，新帝国主义理论也承认阶级联合推动解放运动，因此将发展主义计划看作对他们有利的变革工具。从越南、阿尔及利亚和古巴(西方最关注这些国家)的反帝国主义斗争来看，很显然南方国家的被压迫人民而非西方国家的工人阶级才被看作革命的先锋队，西方的工人阶级显然被社会改良和消费主义淹没了。

但是，也有一些新左派看到了在西方福利国家和商品交换的表象下存在着革命的可能。这些新左派分子基于马克思早期关于异化的著作、阿多诺(Adorno)和马尔库塞(Marcuse)等批判理论家对整体受管理的世界的批判以及马克思在《资本论》和《1857–1858 年经济学手稿》(*Grundrisse*) 中对工厂体制的分析认为，工人作为受尊重的顾客与工厂大门背后的受剥削者之间存在矛盾，这将点燃革命的热情。这种推论并不是建立在老左派过去重点关注的工资压力和失业危险的基础上，而是建立在工厂独断管理下渴求平等的自由主义观点基础之上。

尽管可能会有人认为 20 世纪 70 年代中期经济形势从繁荣转向危机为工人斗争提供了额外的理由，但事实恰恰相反。在 20 世纪 70 年代末期，西欧大多数国家工人的斗争精神仍然高涨，有些国家直到80年代早期依然如此，只不过工人斗争的特征发生了变化。在繁荣时期，工人并不用太担心会失去工作，只是后来意识到这可能是最后获得好处的机会，所以才停止了“嬉闹”。从乐观到悲观的转变似乎证明，20世纪60年代对《资本论》的解读最突出的是阿尔都塞（Althusser）在其《读〈资本论〉》（*Reading Capital*）中提出的观点，即工人像其他任何人一样无助地陷入了资本主义生产方式的再生产中，扮演着所需承担的角色。主体性已经为结构所淹没——资本的逻辑战胜了阶级斗争。情况似乎如此。

《资本论》与“新社会运动”

马克思主义者看到，随着斗争浪潮的消退，工人的政治抱负也逐渐消逝，同时，“新社会运动”（new social movement）者们登上历史舞台，他们极少关注马克思的《资本论》或实际存在的资本主义（actually existing capitalism）。尽管与马克思主义社会主义者存在着一些共同点，但是大多数主张女性权利或反对种族主义、破坏环境的行动派和知识分子并不反对生产方式的资本主义所有者。他们的对手是在实际的资本主义和社会主义中可能看到的性别歧视者（sexist）、种族主义者（racists）和妄自尊大的企业家。这些运动联合成千上万的民众，支持流产合法化，反对在法律上歧视种族或性别方面的少数派，或者试图阻止核力量和军备竞赛。但是，由于缺乏将暂时的抗议者转变为长期行动派的任何规划，这些运动取得的成功只是暂时的。“新社会运动”很快变为由无政府组织的新世界观所支持的单一方面的运动，这些无政府组织与坚持其理想的马克思主义阵营一样神秘。

从20世纪60年代中期到80年代初期，各种新左派（New Left）和“新社会运动”联合起来并日益强大，足以使自第二次世界大战后发展起来的福利资本主义感到不安。在20世纪60年代，第二次世界大战后的长期繁荣仍然在持续，资本家将这些运动所提出的大多数主张视为对其利润的威胁。一旦经济繁荣在20世纪70年代中期转变为经济衰退，他们就相信是时候结束福利国家这样的妥协了，目的是恢复受到社会运动和资本主义危机等威胁的利润。所以，根据葛兰西的说法，他们发动了一场消极革命（passive revolution），盗用了促使新左派和“新社会运动”联合起来的一些思想。最明显的是，追求解放原本是为了反对企业精英和国家官僚主义的统治，它后来也成了追求国家和女性解放的一个标签，被企业精英重新拿来号召将每个人从工会（union boss）和福利官僚主义中解放出来。这种市场解放的新号召也得到了许多从社会抗议中实际受益的工人的响应。社会抗议从20世纪80年代初期开始以个人自由和选择的名义卷土重来。但是，左派运动被突然出现的新自由主义集团打败、边缘化或受到拉拢，左派运动中提出的问题和左派在第一国际、第二国际乃至20世纪70年代新社会运动中面临的问题一样紧迫。

本书对《资本论》的解读

在第1章中，英戈·施密特展示了马克思的《资本论》如何影响了从共产党人到社会民主党人和反殖民主义者的一系列思想家和政治运动。他们的解释试图创造一种共同的语言来塑造集体身份和制定合法的社会主义策略。然而，尽管社会主义运动有时会取得一系列胜利，但这些运动最终在 20 世纪 80 年代陷入僵局，因为资本主义积累全球化，超越了国内障碍。一个日益失去组织性的工人阶级已经突破了“具有人道面孔的资本主义”的限制以及与这些解释相关的策略，努力以一种连贯的方式去应对这些挑战。分析导致这些失败的原因是了解世界各国工人多样性现状的关键。要找到通往社会主义的新道路，根据目前的现实情况来看，过去持不同意见者或许可以为工人阶级政治的重塑提供出发点，这是马克思和其他人在第一国际时期所设想的。

在第 2 章中，威廉 · A. 佩尔茨（William A. Pelz）强调了国际工人联合会（The International Working Men’s Association, IWMA），也就是后来的第一国际对于《资本论》形成的作用。他认为，作用一方面是学术上和文献上的，另一方面是政治上和实践上的，目标是使工人相信国际主义思想，使工人行动起来。在这个方面，正如马克思的思想变成国际性的一样，第一国际的行动塑造和影响了马克思的著作。

在第 3 章中，阿内吉 · 科尔西卡（Anej Korsika）考察了布尔什维克的“反《资本论》革命”的永久遗产。正如马克思所说，尽管《资本论》最初遭受到“沉默的阴谋”，但是它在为数很少的一些地方得到了密切关注，其中之一就是沙皇俄国。十月革命是试图将马克思的理论观点与资本主义面临的实际问题结合起来的最初尝试之一。正如科尔西卡所认为的，尽管存在很多战略，但是没有任何一个能够实际上成功地消灭资本主义。相反，苏联共产主义被资本主义吞噬了。尽管苏联社会主义试验最终失败了，但是对它的进一步解读为推动当前反对资本主义剥削的斗争提供了重要观点。

在第 4 章中，普拉哈特 · 帕特奈克（Prabhat Patnaik）展示了劳动价值论（Labour Theory of Value, LTV）如何用货币商品来解释许多非货币商品之间的相对价格。然而，对帕特奈克来说，这种解释在很大程度上是错误的。在他看来，劳动价值论不是用来解释商品的相对价格的，用马克思的话来说，它是“第一近似值”（first approximation）。帕特奈克认为，劳动价值论主要关注的是商品与非货币商品之间的相对交换比率。可以这样理解，由于货币必然是资本主义制度下的财富持有形式，因此，货币工资的上涨或者稀缺原材料的货币价格的上涨一定会降低这种制度下的既定产出利润率，以维持货币这种财富持有形式的作用。

尽管《资本论》并没有直接阐述性别和家庭，但是在第 5 章中西尔维娅 · 费德里西（Silvia Federici）认为马克思的历史唯物主义方法对女性主义理论的发展做出了巨大贡献，最突出的是构建了性别等级和认同。费德里西在这里注意到有两个“不同的马克思”，二者在性别和阶级斗争问题上持有不同的观点。一个马克思在理论上并没有考察性别问题，他使女性家庭劳动自然化，将工业工人理想化为一种社会生产的标准形式、社会不平等的潜在的纠正者。另一个马克思是女性主义在 20 世纪 70 年代发现的，他反对家务劳动、家庭生活和对男性的依附，并从阶级斗争的观点出发探求一种能够解释女性受压迫的内在根源的理论。正如费德里西所说，这种综合的结果导致了一种理论上的革命，既改变了马克思主义，也改变了女性主义。

在第 6 章中，彼得 · 戈斯（Peter Gose）和贾斯廷 · 保尔森（Justin Paulson）从反决定主义的实践哲学观点出发，考察了《资本论》中的各种经济规律。他们区分了《资本论》中“规律”的六种含义，探索了它们在该书的确定性论断中是如何相互联系起来的。戈斯和保尔森表明，马克思从历史条件中得出的规律本身是阶级斗争的结果。规律构成了解释层级，在同一客观条件下结合起来并成为实践，所以它们是同一枚硬币的两面。他们得出结论认为，马克思最伟大、最突出的成就之一就是将具体的历史决定与一般的本体论上的开放性（ontological open-endedness）统一起来了。

在第 7 章中，保罗·汤普森（Paul Thompson）和克里斯·史密斯（Chris Smith）考察了所谓的认知资本主义（cognitive capitalism），他们认为知识和信息（非物质劳动）的积累已经替代了生产和劳动过程的斗争。基于意大利的工人主义（operaismo）和法国规制学派的传统，主张认知资本主义的人认为资本主义处于第三次主要转型之中，其核心是非物质资产的积累，以前的两次转型都是重商主义（mercantilism）和工业资本主义的转变。汤普森和史密斯在批判这些观点的过程中表明，马克思在《资本论》中关于劳动过程的著作仍然具有相关性。尽管马克思的伟大著作并没有给出所有问题的答案，但它是分析生产过程中的资本 – 劳动关系不可缺少的工具，也是考察围绕工作日控制的斗争，尤其是与新技术和科学相关的工作日控制斗争的不可缺少的工具。

在第 8 章中，卡洛·法内利和杰弗·努南（Jeff Noonan）认为《资本论》的核心是探索新兴的世界资本主义，而非工人斗争或工会作为政治转型代理人的问题。尽管在生产领域组织工人不仅是重要的，而且是必需的，但是马克思（和恩格斯）认为有组织的工人在没有与将劳动力组织化的工会主义（trade unionism）的基层地方主义（sectionalism）力量达成一致的情况下，也存在着阻碍形成政治和阶级替代计划的危险。挑战资本和国家根深蒂固的权力需要形成以阶级为导向的工会主义，以应对资本主义所依赖的非民主的、异化的结构，而工人阶级作为一个整体的根本潜力也是基于这种方式。法内利和努南认为，左派的主要任务是必须明确地勾画出这种激进的争论，将控制更多社会剩余的斗争的成功与为社会主义进行的长期斗争联系起来。

在第 9 章中，汉娜 · 霍利曼（Hannah Holleman）阐释了马克思的著作对于全球环境运动的重要性。她表明，在缺少《资本论》所用历史分析的情况下，大规模的流离失所、贫困和不平等似乎就是现代社会自然的、不可避免的特征。这就掩盖了资本主义在本质上对环境的破坏性。霍利曼展示了《资本论》如何为更深入地理解资本主义生态断裂的核心提供了坚实的基础，如何为发展一个挑战社会生态恶化的持续性运动提供了真知灼见。

在第 10 章中，彼得 · 胡迪斯（Peter Hudis）想象了一个超越《资本论》构想的社会——可能出现向社会主义前景转化的条件。在这一方面，马克思的著作从一开始就提供了扎实的基础。胡迪斯表明，马克思的思想体系包括了讨论社会主义社会的关键要素，而不管是赞成者还是反对者都忽视了这一点。胡迪斯利用《马克思恩格斯全集》历史考证版第二版（*Gesaumtausgabe, MEGA-2*）提供了一些已经发表和尚未发表的著作，他认为，现在着眼于当前如何寻求超越资本主义生产的死胡同的捷径有可能重构马克思关于后资本主义社会理论的框架。

《资本论》的当代解读

当今，解读《资本论》能够使我们吸取过去社会主义者和其他左派的经验教训，理解当前资本主义是如何产生的，如何为未来构建社会主义战略。换言之，当今解读《资本论》是一项政治性工作。在这一方面，这本论文集是针对学生和研究者的，同时它的目标在于渗透到各个工人运动和所有类型的其他社会运动中去。本书作者的不同理论与政治传统形成了他们解读《资本论》以及解读相应问题的方式。本书既不声称提出的所有问题都与形成新的社会主义左派相关，也不认为它是对《资本论》的特定解读。相反，它欢迎将《资本论》当作共同的参照物，使我们将不同的问题置于历史背景之中，讨论不同的替代观点，在多样性中形成统一性。

第 1 章

《资本论》和阶级斗争的历史

英戈·施密特

“本书的最终目的就是揭示现代社会的经济运动规律。”[①] 马克思在《资本论》第一版的序言中向他的德国读者这样解释道。《资本论》的第 1 章明确地指出，马克思将“现代社会”[②] 理解为“资本主义生产方式占统治地位”[③]。在接下来的 24 章中，马克思分析了商品交换、货币和资本、剩余价值的产生和资本积累，在这种模式中只存在两个阶级：资产阶级和工人阶级。马克思用英国的经验说明了这种高度抽象的模式。当时，资本主义生产方式比其他任何方式都更深入地渗入了非资本主义的生产方式。英国也是马克思用来解释工人和资本家之间分歧的历史根源的例子。《资本论》的最后 8 章致力于研究马克思称之为“所谓原始积累”[④] 的过程。[⑤]

然而，在探究资本主义生产方式的历史起源之前，马克思从一

①② 马克思，恩格斯. 马克思恩格斯文集：第 5 卷. 北京：人民出版社，2009：10.

③ 同 ①，47.

④ 同 ①，820.

⑤ 作者在这里指的是《资本论》第 1 卷英文版，其中，第 8 篇就是“所谓原始积累”，共有 8 章（参见 Karl Marx. Capital: A Critique of Political Economy, Volume One. Translated by Ben Fowkes. Penguin Books, 1976, pp.873–940）。《资本论》第 1 卷中文版第 7 篇“资本的积累过程”中的第 24 章就是“所谓原始积累”（参见：马克思，恩格斯. 马克思恩格斯文集：第 5 卷. 北京：人民出版社，2009：820–875）。

种抽象的模式中推导出了第25章“资本主义积累的一般规律”[①]。此外，我们在《资本论》中发现，工人们竭力反抗资本家支付工人更低的工资、延长工人劳动时间和提高劳动强度，但是即使工人们在这些斗争中获得了一些胜利，我们也看到他们沦为了被资本家所拥有和控制的机器的附庸，许多人成为产业后备军，由此掩盖了现役劳动大军的工资要求。尽管马克思把工人们看作“日益壮大的、由资本主义生产过程本身的机制所训练、联合和组织起来的阶级”[②]，但他们“资本的从属性”[③]看起来如此强大，以至于很难看到同样的工人如何才能推翻资本主义的统治。

在《共产党宣言》中，马克思和恩格斯宣称：“至今一切社会的历史都是阶级斗争的历史。”[④]在《资本论》中，我们发现有抽象的规律，但很少有阶级斗争和历史。然而，尽管历史和阶级斗争很奇怪地没有出现在《资本论》中，但《资本论》连同马克思和恩格斯的其他著作的确激发了革命运动。与马克思预料的不一样的是，革命运动不是出现在像英国这样产业资本主义发达的国家，而是出现在从俄国到古巴和越南这样的农业和非资本主义国家。来自《反对〈资本论〉的革命》（*Revolution Against Capital*）（Gransci, 2000）的威胁，以及国内工会和社会民主党的压力，导致了这些国家福利资本主义的出现，这与马克思在《资本论》中所描述的工人受到野蛮的剥削截然不同。当资本家们认为社会改革已经超出了限度，并转向阶级斗争以恢复他们的力量时，马克思关于工人革命的种种推断

① 马克思，恩格斯. 马克思恩格斯文集：第5卷. 北京：人民出版社，2009：707.

② 同①，874.

③ 同①，846.

④ 同①，31.

发生了翻天覆地的变化。苏联共产主义的崩溃似乎是对马克思最初主张的一种后期确认，即社会主义革命只有在产业经济发展的基础上才能取得成功。这种崩溃为资本主义阻碍西方的社会改革提供了便利，但也伴随着大部分产业工人阶级从北方迁移到后殖民时期的南方，在《资本论》的设想和描绘之后重建了资本主义。

尽管当今的资本主义从实际来看更像是马克思在《资本论》中所描绘的资本主义，但后者依然是（而且很可能会和资本主义存在的时间一样长）一个让人联想到资本主义现实的，但不等同于资本主义现实的抽象概念。也许正是这种经验主义的资本主义和马克思所揭示的抽象规律之间的不一致，使得《资本论》对试图理解资本主义并战胜资本主义的几代社会主义者们充满了吸引力。这种不一致为社会主义者打开了空间，使他们能够调整对资本主义发展变化的解释，并相应地调整社会主义策略。本章概述了从 1867 年至今对《资本论》的主要解释以及由此衍生出来的策略。本章将表明，《资本论》和其他马克思主义著作所创造的思想吸引了广大劳动人民，用马克思的话来说，这也会变成物质力量。[①] 即使摆脱了马克思主义的根源，社会民主也是如此；对于共产主义来说，即使苏联事实上用政治局机制取代了马克思关于工人自我解放的思想，对于一些反殖民主义运动来说也是如此，尽管马克思在《资本论》中几乎没有说过任何关于殖民地世界的话。这一纲要也会显示，持不同政见的马克思主义者的思想从未被广泛传播到足以控制大众的程度，当与这些思想解读有关的策略陷入死胡同时，这些持不同政见者在扰乱《资本论》的主流解读中扮演了重要的角色。毕竟，迄今为止

① 马克思，恩格斯. 马克思恩格斯文集：第 1 卷. 北京：人民出版社，2009：11.

对《资本论》和马克思主义政治的主导性解读已经失效了。随着资本主义产生的不满情绪越来越多，马克思和他的战友们在第一国际时期曾设想，过去持不同政见者的声音或许可以为工人阶级政治的重新塑造提供出发点，现在只是范围更大——延及全球了。

社会主义工人运动的《资本论》

马克思用与资本主义生产方式有关的、在社会中发现的最普通和看似简单的东西——商品，开始分析资本主义生产方式的内部运作。在对商品交换法则的研究中，马克思将抽象劳动作为价值和剩余价值的源泉，这是劳动者为了获取生活资料而不得不出卖劳动力的产物。剩余价值被劳动力的购买者所占有：作为生产工具的所有者及其购买的劳动力的管理者，资本家从销售工人生产的商品中获得收入。这一收入包括生产过程中使用的劳动力和生产方式的成本，以及创造剩余价值的成本。这是因为资本家使用劳动力的价值在于它能产生比其交换价值或工资更高的价值。马克思接着解释了为什么会有资本积累，即为什么剩余价值的再投资会导致资本的积聚和集中，以及为什么会产生周期性危机，加剧工人和资本家之间的不平等。

在《资本论》第 2 卷中，马克思考察了生产资料生产者与消费资料生产者之间交换的条件，二者分别是资本持续积累的条件，但同时马克思也思考了这些条件为什么可能无法实现，即为什么危机会中断积累的过程。在《资本论》第 3 卷中，马克思论证了在不同的经济条件下，竞争是如何导致不同行业形成统一的利润率的，并讨论了这种利润率是否有下降的趋势。然后，他展示了商业资本、货币资本和土地所有者如何获得它们在生产性资本的支配下产生的剩余价值。在关于阶级的最后一章结束之前，恩格斯发表了一篇评论，他从马克思未完成的手稿中汇编了《资本论》的第 2 卷和第 3 卷，并认为："手稿至此中断。"[①] 随着更多的马克思原始手稿的出现，从 1939 年在莫斯科发表的《政治经济学批判大纲》（*Grundrisse*）开始，马克思主义者花了很多时间去思考：与马克思本人的意图相比，恩格斯编辑的《资本论》第 2 卷和第 3 卷的内容改变了多少，马克思是否仍在计划按照原来设想好的写一本关于雇佣劳动的书，或者马克思关于雇佣劳动的观点是否真的写进了《资本论》的三卷本之中［参见：罗斯多尔斯基（Rosdolsky, 1977）；莱博维奇（Lebowitz, 1992）］。

尽管如此，我们在《资本论》，特别是《资本论》第 1 卷中发现，马克思详细地分析了资本在生产过程中剥削工人的方式，以及它如何创造了一支产业后备军，如何确保劳动力的充足和廉价，以便继续生产剩余价值。我们还发现，工人们有争取更短劳动时间和更高工资的斗争迹象。然而，这些斗争的每一次胜利都会导致资本家用机器和非技术工人取代技术工人，并削弱工人们在工作现场讨价还价的能力，这些工人很容易被雇佣或解雇。简而言之，我们看到了劳动力的不断变化，它们变成了可变资本，而可变资本在创造剩余价值的过程中发挥了关键作用。但我们没有看到，作为拥有劳动能力的个体，工人有打破资本主义生产规律的想法和追求；我们也没有看到在生产过程之外工作的工人，也没有听到任何关于失业工人或家庭成员从事无报酬家务劳动的情况。《资本论》并没有告诉我

---

① 马克思，恩格斯. 马克思恩格斯文集：第 7 卷. 北京：人民出版社，2009：925.

们要将工人阶级的形成看作集体变革的动因。但《资本论》的确帮助了那些在组织工人运动时阅读了它的激进分子，他们声称《资本论》能够或多或少合法地阐明了工人阶级的利益。事实上，马克思本人就是这个过程的一部分。马克思将研究实际的经济发展和政治经济学理论作为开端，这些理论在1848年革命失败后形成了《资本论》的基础。

资本主义生产方式的扩张已经战胜了对手，这反映了工人在《资本论》中扮演的从属角色。然而，《资本论》描述的世界对许多工人来说是真实的，从而为社会主义从中获得策略提供了肥沃的土壤，尽管这些策略并没有在《资本论》中得到体现。第一国际和第二国际构建了一个组织框架，在这个框架内，工人的经验和马克思对资本主义生产方式的科学分析可以被调和。这个调和过程有助于西欧产业工人阶级集体身份和策略构想的形成（Steenson, 1991）。1848年革命失败后的长期繁荣证实了马克思关于资本积累将使越来越多的人沦为工人的观点，他对工人阶级苦难日益增加的预言也被随后发生在19世纪70年代初至90年代初的经济萧条验证了。

在经济萧条之后出现了另一次长期繁荣。在这个时期，马克思在《资本论》中确认的资本主义统治核心的工厂制度增强了对西欧人口增长的控制。但与此同时，技术工人和有组织工人的实际工资也在上涨。工会组织只允许暂时的物质收益，但面对工人阶级日益增长的苦难，马克思在《资本论》第1卷的结论中提到的让工人为最后的战斗做好准备的想法失去了说服力。一次又一次的改革被资本主义逐渐转化为社会主义这一观念所取代。新的浪潮恰逢殖民扩张的最后一波，这一浪潮提出了以下问题：在殖民地世界，对大众阶级的剥削是不是工业世界提高实际工资的基础？如果是，影响程度又如何呢？《资本论》有限地聚焦于产业资本主义，并没有回答殖民剥削的问题，甚至也没有为第一次世界大战的高潮和帝国主义从长期繁荣到长期低迷的有关帝国主义竞争的问题给出答案。第二国际建立的马克思主义面临两个危机：一个危机是由于长期的繁荣和实际工资不断上涨，人们对资本主义衰落的期望和工人阶级的贫困化提出了反驳；另一个危机是繁荣被资本积累的一般规律而非大国冲突和战争所结束。

反对《资本论》的革命

罗莎·卢森堡（2003,2011）提供了最明显的例子，即阅读《资本论》如何能帮助我们在旧的策略陷入僵局时找到新的策略。她提醒她的战友们，马克思在他的分析中忽略了非资本主义生产方式。她认为这是揭示现代法则的必要条件，即资本家、社会以及《资本论》形成的资本主义形象不应该被误认为资本主义的现实。为了从《资本论》中获得更接近现实的见解，有必要从资本主义的发展历史来分析资本主义生产方式与非资本主义生产方式之间的关系。更具体地说，她坚持认为，为了展示资本可以持续积累的条件，马克思已经构建了一个可以说明这种可能性的数值例子。然而，根据卢森堡的说法，马克思并没有说明为什么总是有足够的有效需求来实现所生产的所有剩余价值。在卢森堡看来，这种实现，即资本积累的实现，取决于来自非资本主义社会阶层的购买。这个论点使她认识到，资本积累是逐渐取代非资本主义生产方式的过程。从这个角度考虑，19 世纪末的殖民扩张是克服 19 世纪 70 年代到 90 年代初经济萧条的手段之一。当时，不断上涨的实际工资依赖于工人阶级与殖民主义的勾结，但同时工人阶级也付出了代价，即一旦对外扩张演变成帝国主义的内讧，他们就要参与各自国家的资本主义的战争。基于这一分析，工人运动的政治策略从社会改革转向了反对帝国主义。在第一次世界大战开始时，反对战争和革命的诉求推翻了政权诉求的优先地位。

在更为折中的分析中，根据马克思主义者希法亭和原始的凯恩斯主义者（proto-Keynesian）霍布森的观点，列宁（Lenin, 2010）也得出了类似的结论。在工业化国家德国写作的卢森堡，试图重新创造工人阶级的政治，作为修正主义的社会民主党和工会领袖所倡导和实践的阶级合作的替代品。在这个合作中，卢森堡看到了社会民主主义支持帝国主义战争的起源。在工业生产不发达地区研究俄国农业的列宁，试图在工人和农民之间建立一种革命性的阶级合作形式。列宁竭力表明，俄国资本主义根源于本国庞大的农业规模，但这种农业资本主义与马克思在《资本论》中分析的产业资本主义截然不同。[①] 产业资本主义发展的不平衡、应用最新技术的企业比工业化的英国的企业要大得多、农业资本主义仍然充斥着封建统治的残余，使俄国的资本主义更容易受到经济危机和政治危机的冲击。因此，列宁认为，俄国是帝国主义链条上最薄弱的环节。他预计，这一链条的断裂将导致资本主义在其工人阶级占多数的工业化中心的解体。

卢森堡和列宁将产业资本主义的发展看作对非资本主义社会阶层和地区渗透的更大进程的一部分，这样他们才能够像在单个国家

① 列宁. 列宁全集：第 3 卷. 第 2 版. 北京：人民出版社，1990.

一样，在世界范围内了解资本主义发展的不均衡。通过“马克思去地域化”[Deprovincializing Marx (Harootunian, 2015)]，卢森堡和列宁摆脱了对《资本论》的机械解释，这种解释曾在第一国际以及第二国际社会主义理论的形成中和更大范围内发挥了重要作用。然而，他们也认同马克思的观点，即为社会主义而战的决定性战役将在中心而不是外围展开。一旦明确了俄国革命不可能在西方取得成功之后，他们所提出的马克思主义就陷入了危机之中。如果葛兰西把俄国革命称为反对《资本论》的革命、西方革命的失败和马克思主义的危机，这种失败就会导致对《资本论》的重新解读，这种重新解读比卢森堡和列宁的模式更脱离马克思关于西欧资本主义的抽象模式。

在西方，马克思主义者必须明白为什么在 1918 年到 1923 年的革命起义失败之后，才可能考虑新的社会主义转型策略。为此，他们不再重点关注作为革命热情温床的资本积累和危机（尽管每次危机都给工人带来了痛苦），而是将注意力转移到了资本主义如何能够维持一定程度的合法性的问题上。为此，葛兰西提出了市民社会理论和霸权理论，阿多诺和霍克海默（Adorno and Horkheimer, 2007: 94–136）构想出了大众欺骗术，阿尔都塞（Althusser, 2008: 1–60）考虑到了意识形态国家机器的作用。自 20 世纪 60 年代以来，阿尔都塞的《读〈资本论〉》一书促使人们对《资本论》进行了一次新的解读，它使用了拜物教的概念（对考茨基、卢森堡和列宁来说都没有多大用处）来理解资本主义意识形态的再生产。与此同时，马克思对资本主义生产方式的分析被东方马克思主义者转变为农业国家工业化的指南，这些分析大部分都衍生于对古典政治经济学的批判。

当马克思向他的德国读者解释为什么他们应该对英国的资本主义发展感兴趣时，他的名言是："工业较发达的国家向工业较不发达的国家所显示的只是后者未来的景象。"[①] 马克思的笔记一出版，他就清楚地认识到，这种说法不适用于西欧以外的地区（Anderson, 2010）。然而，苏联领导人迫切需要一种经济策略来克服内外战争和外国干预带来的破坏，这一点并不令人惊奇，他们正在观察欧美地区的资本主义工业化。他们认为可以采用一种现成的模式，用国家财产取代私有财产，用共产党执政代替资产阶级统治，以建立一种在社会主义初级阶段积累后，人人都能满足物质需求的经济形式。关于工业化进程的速度以及在过渡时期需要限制多少消费的争议、在资本主义工业化进程中实现苏联经济现代化的目标，是苏联各派系为争夺权力而进行的共同努力（Erlich, 1967）。反过来，苏联式工业化成了南方许多后殖民政权的典范。俄国反对《资本论》的革命不是西方工业革命的开端，而是古巴和越南等其他国家农业社会革命的先驱。

反对《资本论》的社会改革

革命从东方开始，然后向南方而非向西方转移，这是驳斥马克思关于工业化国家资本积累、危机和革命争论的一个方面。另一个方面是，在经历了两次世界大战、革命、反革命和大萧条之后，西方资本主义的发展比以往任何时候都要快，社会改革也改变了旧的自由资本主义，把旧的自由资本主义变成了一种有组织的、看似能够兼顾效率和公平的资本主义。相比马克思从《资本论》中得出

① 马克思，恩格斯. 马克思恩格斯文集：第 5 卷. 北京：人民出版社，2009：8.

的革命性结论，第二次世界大战后的福利资本主义与修正主义者希法亭在 20 世纪 20 年代发展起来的政治观点有更多的相同之处（Smaldone, 1988）。然而，具有讽刺意味的是，《资本论》也是希法亭的出发点，但他的结论与马克思的结论不同。与卢森堡不同的是，希法亭认为，总生产和总需求之间的平衡是马克思的一个假设，是马克思为了建立一个理论模型来分析需求不足的现实而做出的，马克思认为这种平衡可能存在于现实中。在资本主义早期，许多公司互相竞争，价格上涨时，它们就增加产量；一旦规模超过了销量，产量就会下降。然而，资本的积聚和集中使企业数量减少到可以用合作来取代竞争的程度。

此外，信贷和股票市场的不断扩张使产能平稳地从萎缩过渡到扩大。因此，完全雇佣成为可能。在希法亭写《金融资本》的时候，这是不现实的，因为主导经济的卡特尔和托拉斯的领导人选择在竞争市场中将价格提高到超出成本和利润率的水平来赚钱。他们进一步选择投资殖民征服而不是国内经济。然而，希法亭认为，在一个民主共和国里，社会民主党和工会可以作为抗衡力量，迫使资本家管理经济，以国内自产自销取代资本出口和帝国主义征服。希法亭从《资本论》出发，提出了一个可以预见凯恩斯主义（Keynesianism）的政治概念，为战后社会民主主义者提供了指导。但是，西方的凯恩斯主义契约之所以成为可能，只是因为苏联共产主义已经成了资本主义统治面临的巨大挑战，而新的市场——从后殖民时期南方工业化的开端到资本主义对私人家庭的渗透，创造了足够的需求来维持积累（Schmidt, 2014）。

冷战及其代理人战争肆虐之际，东西方的竞争机制有了一些共同之处，这导致了铁幕两边对《资本论》的新的解读，也导致了工人们难以预料的冲突。马克思曾在《资本论》第1卷（1976：第15章）中分析过的工厂制度的雏形，到了20世纪中期发展成了更详细的劳动分工；对劳动过程更严格的控制得到了大量官僚机构的补充，这些官僚机构从工厂延伸到国家机构。苏联共产党人总是渴望模仿据称更先进的西方生产力量，他们设计了生产车间，车间工人的经验与西方同行的相似。反对官僚统治的新一代激进分子为了反对这一规则，寻求一种车间反叛策略。为此，他们引用了马克思的异化（alienation）概念。[①] 激进分子们也开始从政治上解读《资本论》（Cleaver, 1979），理解在工资、工作时间和工作条件上的日常斗争，以此作为对资本主义制度核心的攻击，也是对当政者的攻击。

东方的劳工冲突是国家压力和扩大消费品供应合力的结果，即便这是以西方资本家的信贷为代价。西方的劳工冲突得益于充分就业的特殊条件，当长期繁荣结束后，产业后备军就会恢复，这种劳工冲突就会随之结束。在这一点上，马克思主义者重新发现了20世纪20年代和30年代发展起来的危机理论（Grossman, 1992; Varga, 1935），当时资本主义的普遍危机似乎即将来临。然而，与被视为向社会主义转型跳板的资本主义危机不同，在20世纪70年代，情况已经有所变化。斯大林主义（Stalinist）的高压和后斯大林主义的官僚统治使作为西方社会主义榜样的苏联共产主义精疲力竭。新左派建设一种超越社会民主和苏维埃共产主义的努力也失败了。在经济繁荣时期，他们对异化的执着是可以理解的、令人信服的，但他们对于经济危机时期的社会主义政治却没有任何可用看

① 马克思，恩格斯. 马克思恩格斯文集：第1卷. 北京：人民出版社，2009：157.

法。左派提出的任何战略都无力应付严峻的经济现实。因此，20 世纪 70 年代的资本主义危机演变成了马克思主义危机。与以往不同的是，这并未促使马克思主义思想和社会主义战略得到更新，而是导致了“后马克思主义”（post-Marxism）和工人阶级的告别。

《资本论》的反击

新旧左派运动的失败通常与 1968 年相关（Horn, 2008），且与 1848 年革命的失败有些相似之处。这两次失败进一步消除了阻碍资本积累的政治障碍。前者几乎消除了任何反对资本扩张的意见，《资本论》对劳动力的处理所反映的条件更多的是变量资本，而非自主代理；后者则把社会改革和反殖民主义革命的浪潮逐步推进至资本主义世界新自由主义改革的一面，苏联解体之后则推进至全球。如上所述，在 20 世纪 70 年代被击败的运动中，反抗工厂政权的普通民众中不仅有资本家代表，而且有工会和国家的代表。工人的运动与妇女和少数族群的运动有一定的重叠，这些妇女和少数族群在最危险的条件下从事工资最低的工作。然而，妇女和少数民族的运动远远超出了生产方面的斗争，也包括争取法律和社会权利、反对资本主义渗透到生活各个方面的斗争，后者在女性“争取家务劳动认可的斗争”中最为明显。生态运动也以同样的方式反对资本主义对自然的进一步渗透。

这些新社会运动对各种形式的马克思主义政治提出了挑战。“新工人主义”（new workerism）专注于工人在生产上的经历，这代表了社会民主党和苏联共产党人对政党、工会和国家的固定选择。但是，对于超越劳动过程的新社会运动的担忧并没有什么可谈论的。讽刺的是，新工人与社会民主主义者和苏联马克思主义者，甚至像托洛茨基主义者（Trotskyists）这样的不同政见者们一样保持着沉默。旧社会运动的制度化，即自由主义向有组织的资本主义的转变，给马克思主义提出了另一个挑战。大规模国家干预显然改变了资本逻辑的发展方式。具体来说，福利国家的扩张在公共部门创造了新的工人阶层，他们的工资取决于政府提高税收的能力。因此，私人企业的工资与《资本论》所关注的利润之间的斗争，在税负分担和由税负支付的公共服务之间的斗争中被加剧。在有组织的资本主义中，工人获得了一定的制度化权力，使工资、利润和税收三方面的斗争可能引发通货膨胀和财政危机。

马克思主义者将自由资本主义组织的变化进行了理论化（Boddy and Crotty, 1976; O'Connor, 1973），并试图理解马克思主义框架内的新社会运动的关注点（Menon, 1982; O'Connor, 1988）。但是，这些创新是否能融入马克思关于积累和危机的一般理论的背景之下，以及如何融入，并没有明确的答案。有人认为，马克思所确定的规则将以新的制度形式来管理资本主义的发展。另一些人则认为，有组织的资本主义是受不同的法律支配的；在这种情况下，很难解释他们为什么没有抛弃马克思，就像在 20 世纪 50 年代，有组织的资本主义开始建立统治地位时大多数社会民主党人所做的那样。马克思主义者在 20 世纪 60 年代和 70 年代试图打破新的理论和政治基础，但是，他们在 20 世纪二三十年代未能提出一项与社会民主主义者和苏联共产主义者的战略一致的战略。这表明把有组织的资本主义联系在一起的历史集团已经开始分裂（Schmidt, 2011），而这一集团本身就是 1914 年至 1945 年“灾难时代”（Age of Catastrophe）

的危机和阶级斗争的结果。当时，这种分裂很明显会继续加深，并最终导致新自由主义集团取代福利国家集团。

随着西方多地的罢工和抗议活动日益升温，20 世纪 70 年代的资本家完全有理由担心，新旧左派运动将会找到共同点。在这种情况下，他们大声抱怨的利润压力将会变成现实。然而，在此之前，资本主义精英们重新定位，从适应社会运动的要求转向反攻。这包括对左派运动中最激进的分子的压制、与新社会运动的温和派别的联合，以及福利国家和有组织的劳动者的倒退。转向紧缩的政策使周期性失业带来了一支永久性的劳动力后备军。由于生产过程和办公室工作自动化的新浪潮以及产业转移，这一队伍被进一步推到了低工资区域。其结果是，在第一国际和第二国际时代所创造的、后来融入有组织的资本主义的工人阶级，一次又一次地进行了反改革。对新技术、生产设施及连接技术和设施的物流网络的投资创造了足够的需求，尽管对工资和社会支出造成了冲击，但技术和设施的需求仍然能够保持增长。

公共企业和服务的私有化创造了更多的投资机会，特别是在物流和信息产业——对建立全球生产网络至关重要的领域，它们能够绕过仍然存在的劳工组织堡垒。这些网络由几乎都把总部设在西方的跨国公司控制，它们在南方国家重建资本主义和帝国主义控制方面发挥了核心作用，但在古巴革命之后，又受到了反殖民主义运动激进化的挑战。资本主义在全球范围内恢复和巩固阶级权力的努力，最终导致原共产主义国家重新融入资本主义世界体系。资本主义的这种全球性发展源自社会民主的失败，其根源在于第二国际、苏联共产主义以及受苏联启发而产生的南方革命。它进一步发展出了一个新的左派，超越了社会民主主义和苏联共产主义的缺陷。在20世纪70年代，社会运动多样性异常明显。讽刺的是，这种全球性资本主义更像是《资本论》中所描述的资本主义，而非从自由资本主义危机中产生的有组织的资本主义，它受到《资本论》以某种方式激发的社会主义运动的影响。

反对全球资本主义的《资本论》

在全球资本中，资本的逻辑似乎战胜了工人与资本的斗争。如今血汗工厂的劳动过程与马克思在《资本论》第1卷中所分析的劳动过程惊人地相似。恩格斯1845年在他的《英国工人阶级状况》（*Condition of the Working Class in England*）中已经详细地描述了这一过程。但在马克思和恩格斯的时代，英国是世界工厂，而西欧其他国家和北美是工业落后区，世界其他地区则沦为西方殖民化的牺牲品。如今，大多数制造业都位于后殖民时代的南方，中国不仅扮演着世界新工厂的角色，而且作为一个崛起的政治大国，被西方认为潜在地挑战着西方的主导地位。中国的这个新角色多少有点讽刺意味，因为其工业化是由一场比俄国反对《资本论》的革命更激烈的革命所激发的。中国革命（The Chinese Revolution）的胜利并不像俄国那样是通过大规模的罢工、抗议和精心策划的起义来赢得的，而是通过农民游击队与外国侵略者及忠于国内资本主义政权的军队的长期战争来赢得的。

因此，尽管19世纪的工厂制度和现在的工厂制度有明显的相似之处，但是回到《资本论》并放弃后来马克思主义理论的创新是有误导性的。要充分了解当今的劳动进程，必须在资本主义世界体系变化的背景下进行分析。更具体地说，把生产从帝国主义中心转移到南方阵营的外围地区、将中国从外围国家的地位分离出来，需要分析帝国主义和反制度化革命的发展。这样的分析可以从卢森堡、列宁以及他们同时代的经典作品开始。然而，这些著作的假设与马克思的假设相同，即工业生产是资本主义财富和权力的核心，生产的主要场所也是资本主义的中心。这就提出了一个问题：在大量生产转移到后殖民世界之后，旧的中心是否能够保持其在全球资本主义中的主导地位？回答这些问题需要更新帝国主义的经典理论，就像马克思对劳动过程的分析需要更新一样。

《英国工人阶级》里的工厂和《资本论》中的工厂都是独立的经济单元。希法亭已经指出，卡特尔和托拉斯取代了这种独立的单元。20 世纪 70 年代的马克思主义者研究了垄断资本主义中劳动过程的变化（Braverman, 1974）。然而，取代大量独立工厂的纵向一体化公司却让位于全球网络化生产，这引发了关于网络中的权力地位和竞争的问题。与这些问题密切相关的是国家和金融在当今全球体系中的角色。尽管伴随资本主义新自由主义的全球化出现了反政府论调，但与 20 世纪 70 年代福利国家扩张的鼎盛时期相比，税收和公共开支在国内生产总值中的份额几乎没有下降。作为债券市场参与者、规则制定者和中央银行，国家在金融领域也扮演着关键角色。当今的金融分析可能源于《资本论》第 3 卷中对金融的分析，希法亭在《金融资本》中也分析了工业和货币资本的合并。但是，在帝国主义竞争和垄断的情况下，资本主义的现实变化需要对旧分析工具进行调整，也可能需要发明新的工具。从 1867 年到现在，资本主义的变化和危机与马克思主义的许多变化和危机密切相关。

如果后者像过去一样，在未来继续充当社会主义政治的向导，那么就需要进一步创新，以超越由 1968 年运动失败引发的马克思主义危机。

从解读资本主义的角度来看，在资本主义发展的各个时期，阅读有关《资本论》及其发展轨迹的著作，是构建当代政治经济学批判的良好基础。尽管马克思主义者对《资本论》进行分析后制定的社会主义策略失败了，但对于受列宁布尔什维克主义（Bolshevism）、社会民主福利国家和反殖民主义革命启发的社会主义策略，以及对超越上述三条社会主义道路的新左派努力的分析依然给人们留下了宝贵的经验财富。尽管所有这些社会主义策略最终都失败了，但它们在当今的全球资本主义中留下了印记。因此，对这些社会主义策略起指导作用的分析是了解世界各国工人多样性现状的关键。从理论上讲，当在不同时间点借助《资本论》提出的社会主义策略失败后，人们就不可能回到最初的《资本论》了。但实际上，正是由于这些失败，人们才有可能重拾《资本论》中的政治观点。

从 1867 年开始，《资本论》及所有社会主义的宣传册、传单和演讲，都在工人阶级的形成和社会主义运动中起着重要的作用。它们创造了一种共同的语言来讨论战略，这有助于形成集体认同，至少在特定时期内有助于生成合法的社会主义策略。然而，这些运动和策略的失败导致了从 19 世纪到 20 世纪 80 年代我们所知道的工人阶级的改变。从那时起，全球资本主义的发展在世界各地引发了各种各样的抗议和罢工运动，但支撑这些抗议和罢工的不满情绪并未促成能够挑战全球资本统治的新工人阶级的形成。如果说《资本论》为工人阶级的日常生活提供了某种连贯框架，它衍生出了资本主义的政治策略和替代愿景，从而为工人阶级的形成做出了贡献，那么未来它也可能会如此。因此，仅仅阅读《资本论》是不够的；它要求我们把从《资本论》中借鉴的思想和其他马克思主义著作思想引入到组织和动员社会主义变革方面，就像马克思把他的《资本论》中的思想引入第一国际一样。

参考文献

Adorno, T and Horkheimer, M. [2007 (1944)]. *Dialectic of Enlightenment*. Stanford: Stanford University Press.

Althusser, L. [2008 (1970)]. Ideology and Ideological State Apparatuses. In *On Ideology*. London and New York: Verso, 1–60.

Althusser, L. [2009 (1965)]. *Reading Capital*. London and New York: Verso.

Anderson, K. (2010). *Marx on the Margins*. Chicago: University of Chicago Press.

Boddy, R. and Crotty, J. (1976). Wages, Prices, and the Profit Squeeze. *Review of Radical Political Economics*, 8: 63–67.

Braverman, H. (1974). *Labor and Monopoly Capitalism*. New York: Monthly Review Press.

Cleaver, H. (1979). *Reading Capital Politically*. Austin: University of Texas Press.

Engels, F. [1975 (1845)]. The Condition of the Working Class in England. In *Marx and Engels Collected Works*, Vol.4, New York: International Publishers, 295–596.

Erlich, A. (1967). *The Soviet Industrialization Debate, 1924–1928*. Cambridge, MA: Harvard University Press.

Gramsci, A. [2000 (1917)]. The Revolution Against *Capital*. In *The Antonio*

Gramsci Reader, Selected Writings 1916–1935, New York: New York University Press, 32–36.

Gramsci, A. [2000 (1929–35)]. Hegemony, Relations of Force, Historical Bloc. In *The Antonio Gramsci Reader, Selected Writings 1916–1935*, New York: New York University Press, 189–221.

Grossman, H. [1992 (1929)]. *The Law of Accumulation and the Breakdown of the Capitalist System.* London: Pluto Press.

Harootunian, H. (2015). *Marx After Marx*. New York: Columbia University Press.

Hilferding, R. [2006 (1911)]. *Finance Capital: A Study in the Latest Phase of Capitalism.* London: Routledge.

Hobson, J. A. [2011 (1902)]. *Imperialism: A Study*. Cambridge: Cambridge University Press.

Horn, G.-R. (2008). *The Spirit of '68: Rebellion in Western Europe and North America, 1956–1976.* Oxford: Oxford University Press.

Lebowitz, M. (1992). *Beyond Capital.* Basingstoke: Palgrave Macmillan.

Lenin [2004 (1899)]. *The Development of Capitalism in Russia*. Honolulu: University of the Pacific Press.

Lenin [2010 (1916)]. *Imperialism: The Highest Stage of Capitalism*. London: Penguin.

Luxemburg, R. [2003 (1913)]. *The Accumulation of Capital*. London: Routledge.

Luxemburg, R. [2011 (1916)]. The Junius Pamphlet: The Crisis of German Social Democracy. In *Rosa Luxemburg Speaks*. New York: Pathfinder Press, 342–439.

Marx, K. [1976 (1867)]. *Capital, Volume 1*. London: Penguin.

Marx, K. [1978 (1885)]. *Capital, Volume 2*. London: Penguin.

Marx, K. [1980 (1844)]. *Economic and Philosophical Manuscripts*. New York: International Publishers.

Marx, K. [1981 (1894)]. *Capital, Volume 3*. London: Penguin.

Marx, K. [1993 (1857–58)]. *Grundrisse*. London: Penguin.

Marx, K. and Engels, F. [1998 (1848)]. *The Communist Manifesto*. New York: Monthly Review Press.

Menon, U. (1982). Women and Household Labour. *Social Scientist*, 10(7): 30–42.

O'Connor, J. (1973). *The Fiscal Crisis of the State*. New York: St. Martin's Press.

O'Connor, J. (1988). Capitalism, Nature, Socialism: A Theoretical Introduction. *Capitalism, Nature, Socialism*, 1(1): 11–38.

Rosdolsky, R. (1977). *The Making of Marx's* Capital. London: Pluto Press.

Schmidt, 1. (2011). There Were Alternatives: Lessons From Efforts to Advance Beyond Neoliberal Economic Policies in the 1970s. *Working USA*, 14(4): 473–498.

Schmidt, 1. (2014). Capital Accumulation and Class Struggles from the '*Long 19th Century*' to the Present–A Luxemburgian Interpretation. *International Critical Thought*, 4(4): 457–473.

Smaldone, W. (1988). Rudolf Hilferding and the Theoretical Foundations of German Social Democracy, 1902–33. *Central European History*, 21(3): 267–299.

Steenson, G. P. (1991). *After Marx, Before Lenin: Marxism and Socialist Working Class Parties in Europe, 1884–1914*. Pittsburgh: Pittsburgh University Press.

Varga, E. (1935). *The Great Crisis and its Political Consequences*. London: Modern Books.

第 2 章

《资本论》和第一国际

威廉·A. 佩尔茨

众所周知，马克思写了《资本论》。任何研究他的生活和著作的人无疑都会注意到他参与了国际工人协会（the International Working Men's Association, IWMA），也就是后来的第一国际的工作。尽管马克思生命活动的这两个方面在时间上是重叠的，但是很少有人强调《资本论》和第一国际之间相互关系的意义。与马克思的更具个人论战性的著作，如《福格特先生》（*Herr Vogt*）不同，《资本论》常常意味着服务于工人运动的目标。本章强调《资本论》和第一国际在使一些工人认同国际主义思想和工人行动中的重要性。这两项活动是相互交织在一起的，在某种程度上说将二者联系起来的是马克思看待问题的方式。早在 1864 年 11 月 14 日致弗里德里希·恩格斯的信中，马克思就认为需要柏林这个出口，"特别是为了我在伦敦参与建立的那个协会（国际工人协会注），同时也为了我想出版的那本书（《资本论》）"[①]。

从 1864 年开始，国际工人协会的"临时章程"（the Provisional Rules）认为，"工人阶级的解放应该由工人阶级自己去争取……为

① 马克思，恩格斯. 马克思恩格斯全集：第 31 卷. 北京：人民出版社，1972：22.

达到这个伟大目标所做的一切努力之所以至今没有收到效果”[①]，不仅是因为每个国家内部工人彼此间缺乏团结，还因为“各国工人阶级彼此间缺乏紧密的联合”[②]。根据马克思的看法，形成这种局面不仅仅是由于政治动员，还有资本主义规律的作用。“以个人劳动为基础的分散的私有制转化为资本主义私有制，同事实上已经以社会的生产经营为基础的资本主义私有制转化为社会所有制比较起来，自然是一个长久得多、艰苦得多、困难得多的过程。前者是少数掠夺者剥夺人民群众，后者是人民群众剥夺少数掠夺者。”[③]

确实，马克思从来没有打算将《资本论》或他的其他著作变为纯粹的学术研究。在《矿工和工人辩护士报》(*Miner and Workman's Advocate*)发表了马克思的《国际工人协会成立宣言》时，英国泥瓦匠（the English Bricklayers）宣布马克思加入国际工人协会，马克思向恩格斯表达了他的兴奋之情。[④]马克思在1865年5月1日另一封写给与他具有共同思想的人的私人信件中，抱歉自己回信迟了。他注意到他“一方面要完成我的书（《资本论》)，另一方面国际协会简直占去了我的全部时间”[⑤]。这两个计划，一个是学术上的和文献上的，另一个是政治上的和实践上的，它们在他心中是密切相连的，他的著作也反复强调了这一点。我们要注意他对于《资本论》的研究如何赋予了他思想武器，从而使他与他认为的国际工人协会内部存在的错误理论展开斗争。1865年5月20日，马

① 马克思，恩格斯. 马克思恩格斯文集：第3卷. 北京：人民出版社，2009：226.
② 同①.
③ 马克思，恩格斯. 马克思恩格斯文集：第5卷. 北京：人民出版社，2009：874–875.
④ 马克思，恩格斯. 马克思恩格斯全集：第31卷. 北京：人民出版社，1972：41.
⑤ 同④，112.

克思写信给恩格斯解释说国际工人协会召开了一次特别的会议，他将与坚持罗伯特·欧文的理论的人进行辩论。马克思注意到，他应该加以反驳，“但是我认为更重要的是继续写我的书（《资本论》）”[①]。所以，马克思决定以他的研究的观点作为例子。他在这封信的结尾写道：“不可能把一门政治经济学课程压缩在一小时之内讲完。但是我将尽力而为。”[②]事实上，由此产生的文本，也就是众所周知的《工资、价格和利润》，读起来像是《资本论》第 1 卷的缩减本。[③]

所以，马克思将他从对于《资本论》研究中得出的观点传递到了国际工人协会。另一方面，国际工人协会的活动也影响了马克思的思想，并在《资本论》中有所体现。例如，国际工人协会从 1865 年 5 月 23 日开始记载备忘录，包括一封来自里昂的信，信中解释了工资如何由于更廉价的英国生产而被削减。研究英国的实际成本和劳动价格，并将事实传递给法国工人，这个问题就得到了解决。当英国的雇主试图从德国裁缝商那里进口产品，旨在打断英国工人的罢工行动时，第一国际通过德国工人媒体来警告许多不知情的罢工破坏者（Institute of Marxism-Leninism, 1962: 186）。当日内瓦的靴子生产工人计划争取更高的工资时，他们请求并得到了国际工人协会的帮助，它使其他国家的工人也保持了警觉（Institute of Marxism-Leninism, 1962: 193）。马克思在《资本论》中讨论裁缝时说：“残酷的禁止结社法于 1825 年在无产阶级的威胁性行动面前取消了。”[④]显然，他通过对资产阶级法律的压迫本质进行研究，从实

① 马克思，恩格斯. 马克思恩格斯文集：第 10 卷. 北京：人民出版社，2009：229.
② 同 ①，229–230.
③ 马克思，恩格斯. 马克思恩格斯文集：第 3 卷. 北京：人民出版社，2009：25–78.
④ 马克思，恩格斯. 马克思恩格斯文集：第 5 卷. 北京：人民出版社，2009：850.

践上理解了工人团结起来反对雇主的重要性，而没有拘泥于理论。

尽管《资本论》常常被讽刺为枯燥的经济学著作，但是《资本论》实际上充满了马克思从第一国际吸收和传递出来的热情。马克思在他的伟大著作中写道；“农村居民的贫困成为巨大的衬衫厂等等的基础，这类工厂的劳动大军大部分散布在农村。在这里，我们又一次碰到前面曾经叙述过的家庭劳动制度。低工资和过度劳动是这种制度‘生产过剩人口’的系统的手段。”① 正如他随后注意到的，“爱尔兰的贫困又成了英格兰当前的话题了”②。这里，《资本论》作者和国际工人协会的总委员会（the General Council）的成员双重身份重叠在一起。第一国际对于爱尔兰工人的困境特别敏感。例如，爱尔兰政治囚犯的困境导致要求“改善那些处境不善的人的处境”（Institute of Marxism-Leninism, 1962: 166–167）。这个组织对于爱尔兰形势进行了阶级分析。正如一个总委员会的成员所说，“我们有责任向爱尔兰人表明，不仅仅是英国的阶级无理地对待他们，爱尔兰的同一阶级也一样坏”（Institute of Marxism-Leninism, 1964: 173）。后来在 1872 年 4 月，总委员会发表了一个反对“爱尔兰警察恐怖主义”的声明（Institute of Marxism-Leninism, 1965: 149–50）。

爱尔兰与英国的关系据说和波兰与沙皇俄国的关系是一样的。换言之，两个国家都是“被压迫民族”（Institute of Marxism-Leninism, 1965: 298）。国际工人协会冒着公开挑明的风险，相信这两个国家都是独立的和自由的。马克思在《资本论》中也表达了同

---

① 马克思，恩格斯. 马克思恩格斯文集：第 5 卷. 北京：人民出版社，2009：811.

② 同 ①，817.

样的观点。他挖苦地说道:“如果说通过一项项条文使对剩余劳动的贪欲合法化的多瑙河两公国《组织规程》是这种贪欲的积极表现,那么英国的工厂法是这种贪欲的消极表现。”[①] 对它进行的唯一的人的抵抗就是“一天比一天更带威胁性的高涨着的工人运动”[②],国际工人协会也许会支持这一点。

同时,马克思的《资本论》在 1867 年以德文出版的时候,得到了国际工人协会成员的赞赏,并对他们的环境产生了影响(Hogsbjerg, 2014: 81)。另外,马克思将他的新著作瞄准于国际工人协会成员。所以,当 1867 年第一版出版时,它的扉页上留下了两个印记——一个是他在汉堡的出版社的名字奥托·迈斯纳出版社(Otto Meissner);另一个是在纽约的办事处,名为 L.W. 施密特(L.W. Schmidt),这可能是试图吸引“在这个城市里组成第一国际美国支部的许多德国社会主义者”(Foner, 1967: 461)。马克思不是希望他的《资本论》得到学术专家的赞扬,而是希望工人阶级能够阅读它。1867 年 10 月 18 日,他写信给海尔曼·迈耶尔(Hermann Meyer),并说:“希望您能够引起美国的德文报刊以及工人们对马克思的书(《资本论》第一卷)的注意。”[③] 一个月以后,在致路德维希·库格曼(Ludwig Kugelmann)的信中,马克思要求库格曼给德国社会主义领导人威廉·李卜克内西(Wilhelm Liebknecht)一些压力,“他的直接责任是在工人的集会上引起人们对我的书(《资本论》第 1 卷)的注意”[④]。

---

① 马克思,恩格斯. 马克思恩格斯文集:第 5 卷. 北京:人民出版社,2009:276.

② 同 ①,277.

③ 马克思,恩格斯. 马克思恩格斯全集:第 31 卷. 北京:人民出版社,1972:567–568.

④ 同 ③,576.

马克思在《资本论》中常常表现得像第一国际的其他成员一样，很难说国际工人协会影响了他，或者相反。确实是必然存在着众所周知的双道街，其中每一条都会对另一条产生影响。不可分离确实是可能的这一点已被有力地证明了。一些人认为，马克思在《资本论》中的研究加强了他成为第一国际领导人的地位。正如第一国际总委员会在 1868 年 4 月 11 日的一次会议上，就有一场关于减少工作时间的争论。在这场争论中，马克思听取了一位被称为“公民埃卡留斯”的成员的发言，这位成员赞同并直接引用了“来自马克思博士关于政治经济学的著作中的一个论断”（Institute of Marxism-Leninism, 1963: 242）。这绝不是表面上的致敬，因为一场火药味十足的争论不会导致所有人都同意埃卡留斯或马克思。

我们再一次读到马克思对于工业资本主义下不公正的谴责，会发现有办法解决国际工人协会内部出现的一些问题。当马克思讨论机器对大工厂里的工人的影响时，他提出了性别问题。新的机器不再要求那么多的技能和力气，这导致一些男性工人被解雇。结果是“新的机器工人完全是少女和年轻妇女……这种强有力的竞争扼杀了最弱的手工工人。最近 10 年来伦敦因饥饿而死亡的人数的惊人增长，同机器缝纫业的扩大是齐头并进的”[①]。第一国际的许多活动家都有清晰的但不带有预见性的看法，明显的例子是哈里埃特·罗（Harriet Law），她是来自曼彻斯特的国际工人协会总委员会的一名成员，她提出机器“使妇女与以前相比更不依赖男人，并最终将她们从家庭奴隶制中解放出来”（Institute of Marxism-Leninism, 1963: 239）。尽管历史并未记载，但是罗还有一个重要的职业，即公共演

① 马克思，恩格斯. 马克思恩格斯文集：第 5 卷. 北京：人民出版社，2009：543.

讲家，她主张世俗主义（secularism）和女性权利。十年来的大部分时间里，她是《世俗纪事》（*Secular Chronicle*）的编辑，她在这个杂志里为争取自由思想和妇女解放而斗争。

值得注意的是，国际工人协会为她的观点提供了一个平台，并且尽管她是马克思和恩格斯的一个同盟者，但她肯定认为自己和他们是平等的（Morgan, 2013: 3）。罗绝不是在男人的荒野中唯一发出女性声音的人。在 1867 年的洛桑会议（Congress of Lausanne）上，一份关于"论妇女解放与独立"的报告提出了许多先进的观点，并认为国际工人协会应该推动妇女组织起来，从而使男人和女人可以"共同为工人解放而斗争，只有这样才能保证每个人的独立性"（Musto, 2014: 102）。

第一国际对此也有一个与马克思对于《资本论》的研究高度吻合的研究方向。例如，在马克思的建议下，国际工人协会要求支部在工人阶级中调查从业人员的行业年龄、性别、工人人数、补贴和工资、工作时间、吃饭时间、工作条件（过度拥挤、缺乏阳光等）、就业对健康的影响、道德状况、教育和贸易状况（Institute of Marxism-Leninism, 1962: 342）。研究将扮演政治行动的女仆。

马克思在《资本论》中研究了纺织工业的产业革命对于美国奴隶的影响。一旦棉花出口成为奴隶所有者的核心利益，那么奴隶的超负荷工作以及"有时只要七年就把生命耗尽的过度劳动，就成为一种事事都要加以盘算的制度的一个因素"①。这是因为奴隶所有者购买奴隶与购买一匹马的方式是一样的。对于奴隶所有者来说，"最有效的经济就是在最短的时间内从当牛马的人身上榨出最多的

---

① 马克思，恩格斯. 马克思恩格斯文集：第 5 卷. 北京：人民出版社，2009：273.

劳动……黑人的生命被视同草芥”[①]。他超出仅仅对奴隶制进行描述，还继续解释了它如何促成了整个国家的形成。马克思注意到，“在北美合众国”，“只要奴隶制使共和国的一部分还是畸形的，任何独立的工人运动就仍然处于瘫痪状态”，“在黑人的劳动打上屈辱烙印的地方，白人的劳动也不能得到解放”[②]。

这个声明不是说一些高尚的话。它已经令人信服地指出，在美国内战中支持北方成为马克思建立国际工人协会的核心（Blackburn, 2011: 8）。另外，国际工人协会在美利坚共和国不是没有影响的。包括马克思的朋友约瑟夫·魏德迈（Joseph Wedemeyer）在内的许多德国激进主义者在战争中突出地代表联邦一方。实际上，人们确实清晰地记得近 25 万德裔美国人为了联邦而战斗，其中 36 000 人在说德语的单位中服务（Blackburn, 2011: 25）。

第一国际的影响并没有在林肯政府时期消失。当国际工人协会请求马克思起草给林肯总统的信的时候，美国驻英国大使做出了公开的、非常积极的回应。在林肯的请求下，美国外交官说美国联邦“从欧洲工人的声明中获得了坚持下去的新的激励”（Blackburn, 2011: 49）。后来，在致美国人民的公开信中，协会警告称，如果并非所有美国人都是自由的和平等的，那就“仍然存在将你们人民的鲜血再一次洒向你们国家的争取未来的斗争中的可能”（Institute of Marxism-Leninism, 1962: 311）。这一合理的忠告被忽视了，结果是种族流血事件、暴徒私刑、骚乱和冲突一直持续到了 20 世纪。

国际工人协会从建立初始起，其规则和制度就强调工人之间

① 马克思，恩格斯. 马克思恩格斯文集：第 5 卷. 北京：人民出版社，2009：308.
② 同 ①，348.

的劳动团结的必要性，而不论其所在的民族国家如何。这一主题在《资本论》中也出现了。美国也不例外，工人团结也不是仅仅在欧洲内延伸。马克思在他的主要著作中，讽刺地提到墨西哥的第一位总统胡阿雷斯（Juarez）如何取得了抵债劳役，同时，“所谓的皇帝马克西米利安颁布了一道敕令，又把它恢复了……这个敕令是恢复墨西哥的奴隶制的敕令”。[①]同样，在 1867 年，总委员会讨论了法国占领墨西哥一事，谴责欧洲官方通讯社企图掩盖马克西米利安在破坏墨西哥人为了自己的国家而进行的斗争过程中犯下的罪恶（Institute of Marxism-Leninism, 1963: 139）。

国际工人协会的共同章程（the General Rules）承认一种解决办法并不完全适用于所有地方，允许地方自治。这个组织以欧洲为基础，常常只能给出建议，而不是具体地援助在其主要支持地——西欧之外的激进支持者。尽管第一国际在美国内战中成功地发动了反对欧洲企图支持南方的美利坚联盟国（the Confederacy）的斗争，但是另一些企图影响美国的事件发展的做法因大西洋的阻隔而受到限制。国际工人协会得到的更远的信息来自新西兰。更令人吃惊的是，布宜诺斯艾利斯的工匠和印度早期工人团体的支持（Institute of Marxism-Leninism, 1965: 126–128）。当然，在英国工业的影响下，后者并不那么惊人。英国在印度的政府官员承认生产能力达到了令人恐怖的程度，这是由于英国在 19 世纪 30 年代采用了棉纺机器，“织布工人的尸骨把印度的平原漂白了”[②]。

国际工人协会面临的同样问题，对马克思的《资本论》也有影

① 马克思，恩格斯. 马克思恩格斯文集：第 5 卷. 北京：人民出版社，2009：196.
② 同 ①，497.

响。这就是说，两者都受到恶名、谣言和口碑的激励，但是也都受到它们的限制。《资本论》第一版的读者局限于能够阅读德文的人。尽管第1卷的德文版在1867年出版，但是直到10年后才有法文版。实际上，马克思在世时甚至没能看到英文版出版。由于这个原因，在英国和美国，这个文本常常因为它被认为是关于某些事情的错误说法而受到批判。这种情况一直持续到1886年秋天英文版问世。[①]对于世界上很多人来说，只有到几十年后他们才能接触到这本著作的本国语言版本。如果第一国际时常成为一个神话，那么《资本论》也就常常成为被崇拜的图腾，而不是被阅读和争论的著作。另外，可以认为工人阶级的根本政治经济学在19世纪60年代形成了。其理论表现就是马克思的《资本论》，其组织表现就是第一国际的建立。

这里有一个情况阻碍了国际工人协会和马克思的《资本论》的传播。具体地说，限制了第一国际、限制了《资本论》的翻译和宣传的非常现实的难题就是缺少资金。即使是最粗略地看一下马克思给恩格斯的信也能知道，马克思常常生活在负债中，很长一段时间里把家里所有的贵重物品都典当了。甚至在相当长的一段时间里是恩格斯让马克思一家能维持下去，过着舒适的生活。但恩格斯也不是一个财力无穷的人。由于没有足够的资金来支付翻译费用或为本书做广告，《资本论》的销量过了很长时间才达到一个可观的水平。马克思的母亲很可能会抱怨他应该赢得资本，而不是写关于它的东西。尽管马克思和他的家人及恩格斯讨论过从伦敦迁到日内瓦——他相信这样的话平日的花费只有在物价昂贵的英国首都的一半——

① 马克思，恩格斯. 马克思恩格斯文集：第5卷. 北京：人民出版社，2009：31.

但是他在 1868 年 3 月 17 日致路德维希·库格曼的信中又说这是不可能的，因为他需要这些资料继续《资本论》的研究。另外，他感叹离开了他认为处于特别重要的时期的国际工人协会和工人阶级运动。[①]

同样，对于第一国际档案中的资金状况的研究表明，这个组织只能勉强维持生存。尽管警察署和政治对手不断造谣说这个组织的领导人依靠工人的钱生活，但是证据表明第一国际的活动家常常要花费自己的钱。此外，被逮捕、被警察攻击、被没收报纸、出版其他出版物的额外代价以及本组织贫穷的事实都是显而易见的。重要的是要记住，国际工人协会和《资本论》的出版都没有后来以群众为基础的第二国际和由国家提供资金的共产国际所支配的那样的资源。

尽管存在所有这些限制，国际工人协会还是直接推动了阶级的国际团结。这很不容易，因为每一个地方性斗争的特殊本质都可能会模糊这一形势的国际本质。即使该组织的立场是深思熟虑和富有远见的，也不能自动地改变现实。所以，来自波兰的流亡者认同国际工人协会对于他们国家的立场可以解决分裂的波兰所面临的令人难以置信的复杂难题，但不会热情地感谢第一国际（Institute of Marxism-Leninism, 1963: 103）。同样，刚刚联合起来的意大利对面临的难题常常抗拒简单的解决之道，尽管这个国家的英雄加里波第（Garibaldi）是第一国际的热心成员。

该组织反对日益高涨的民族主义和种族主义浪潮（这类方式只

① 马克思，恩格斯. 马克思恩格斯全集：第 32 卷. 北京：人民出版社，1998：527–528.

有在目睹屠杀和种族灭绝的世界里才会被认为是值得赞扬的)。尽管有个人的倒退或政治上不正确的评论，但是国际工人协会坚持以阶级为基础的世界观，而不是种族主义或人种主义的世界观。那时，许多（如果不是大多数）人认为种族差异是科学证明了的，这个协会的相反案例是一个极端的例外。《资本论》以同样的方式，从阶级的角度分析了世界。这在面对当时影响力不断增长的国家主义、更不用说随便就能接触到的种族主义的情况下，显得更为杰出。

第一国际和《资本论》的另一个共同特征是二者都面对着大量的恶意。在巴黎工人起义及 1871 年建立巴黎公社之后，国际工人协会常常受到监视和警察的恐吓。莱比锡（Leipzig）警方警告酒馆，如果国际工人协会的成员被看到在这里聚集，那它们的执照将面临被吊销的风险。一个警方负责人企图建立国际工人协会分支机构，以便他的代理人能够作为大会的代表进行干预（Institute of Marxism-Leninism, 1978: 74）。

甚至“自由的”大英帝国也陷入了狂乱之中，首相格莱斯顿（Gladstone）在报告中设想将马克思和其他人驱逐出这个国家。英国议会的一个议员声称巴黎公社是由第一国际的领导人策划的，这位领导人已经命令法国的巴黎公社社员（the French Communards）处死巴黎大主教（the Paris Archbishop）。主流媒体像一群渴望获得国际血液的猎犬一样吠叫着。一个瑞士手表制造商感到有必要公开宣布他将不雇用国际工人协会的成员（Institute of Marxism-Leninism, 1964: 68）。教皇甚至发表谈话，加入攻击国际工人协会的行列，声称它将颠覆所有秩序和法律。同时，罗马天主教会将《资本论》列入禁读书籍目录。当然，更具有启蒙精神的自由国家和机构并没有禁读《资本论》。但是，它们选择性地扭曲它的内容、不承认它，并假装它不存在。每一代自由主义者都有各种意识形态的偏见，反过来宣称《资本论》像它的作者马克思一样已经死亡了。

人们在对国际工人协会和《资本论》做一个“资产负债表”（balance sheet）进行权衡时，就会发现一些消极的方面、一些积极的方面，有一些是矛盾的，既有积极的一面，也有消极的一面。在这个总表的负数方面，人们必须看到第一国际面临的困难，即将不同意识形态的立场协调起来。《资本论》一直是一部进展中的著作，马克思穷尽一生从来没有完成，恩格斯在他的一生中也没有完成。另外，二者在国家主义不断高涨的年代都面临着坚持国际主义趋向的难题，因为世界各国经济发展水平差异巨大，这很容易导致协调竞争国家的工人运动面临难题。国际工人协会作为公开的组织，其成员是流动的，活动的领域又极为宽泛。

即使如此，国际工人协会依然在两个方面做出了巨大的贡献。第一，它是植根于坚定的但非宗派主义原则的团体的一个例子。第二，它建立了使竞争的（如果不是对立的）意识形态的小组为了联合行动而团结起来的组织形式。关于前者，国际工人协会积极而成功地促成了工人国际主义的概念。《资本论》是这个国际计划的主要理论支撑。工人阶级的自我活动常常从 1864 年的《临时章程》开始确立主要目标，并贯穿《资本论》始终。

人们在重新考察国际工人协会的历史、成功与失败的时候，应该谨慎，不要不假思索地接受主流看法或者匆忙地判断它应该如何运作以及它可能会做什么。同样的态度也需要延伸到看待《资本论》上。正如瑞士的一个代表在 1872 年海牙代表大会（The Hague

Congress）注意到的（可能有点讽刺）：“为什么只有第一国际应该免除现在一代所有的缺点和缺陷，只能如同圣母玛利亚那样完美呢（Institute of Marxism-Leninism, 1978: 191）？”

人们可能对马克思最伟大的著作进行同样的讽刺。在他去世后，它没有变成——以恩格斯在英文版前言中的话来说——“工人阶级的圣经”[①]吗？它后来用来服务于使它的作者都吃惊的目标，它确实像《圣经》。并且，像《圣经》本身，《资本论》具有全球影响力……并且仍然会如此。

参考文献

Blackburn, R. ed. (2011). *An Unfinished Revolution: Karl Marx and Abraham Lincoln*. London: Verso.

Foner, P. S. (1967). Marx's Capital in the United States. *Science and Society*, 31(4): 462–6.

Hogsbjerg, C. (2014). Karl Marx and the First International. *Socialist Review*, 81–91.

Institute of Marxism-Leninism (1962). *Documents of the First International, 1864–1866, Vol.I.* London: Lawrence and Wishart.

Institute of Marxism-Leninism (1963). *Documents of the First International, 1866–1868, Vol.II.* London: Lawrence and Wishart.

Institute of Marxism-Leninism (1964). *Documents of the First International, 1868–1870, Vol.III.* London: Lawrence and Wishart.

Institute of Marxism-Leninism (1965). *Documents of the First International, 1871–1872, Vol.V.* London: Lawrence and Wishart.

Institute of Marxism-Leninism (1978). *The Hague Congress of the First*

① 马克思，恩格斯. 马克思恩格斯文集：第 5 卷. 北京：人民出版社，2009：34.

International, September 2–7, 1872– Reports and Letters. Moscow: Progress Publishers.

Marx, K. (1976). *Capital, Volume 1*. London: Penguin Books.

Marx, K. and Engels, F. (1985). *Collected Works, Vol.20*. New York: International Publishers.

Marx, K. and Engels, F. (1987). *Collected Works, Vol.42*. New York: International Publishers.

Morgan, D. (2013). A Law Unto Herself. *Socialist History Society Newsletter*, 3(2): 3–4.

Musto, M., ed. (2014). *Workers Unite! The International 150 Years Later*. London: Bloomsbury.

第 3 章

《资本论》和苏联共产主义

阿内吉·科尔西卡

当 1867 年马克思第一次出版《资本论》时，可以说这本书是不被接受的。所以，马克思在给德国社会民主党人，也就是他的密友路德维希·库格曼的信中，抱怨伴随着他的著作的“沉默的阴谋”[①]。最初接受度比较低的原因之一在于德国的审查者在奥古斯特·冯·科策布（August von Kotzebue）被杀害之后运用的原则。当保守的戏剧家科策布被激进的自由主义学生卡尔·L. 桑德（Karl Ludwig Sand, 1795–1820）杀害的时候，梅特尼希（Metternich）就以此作为打击自由主义出版物和学术自由的借口。在随后的《卡尔斯巴德决议》（*the Carlsbad Decrees*）的条文中间，首先就规定了允许流通的出版物的篇幅。它强调少于 20 页的印刷品在没有一位州政府官员事先批准的情况下是不允许流通的。这里明显的基本假定是超过 20 页纸的文稿就是“安全”的，因为没有人真的会去阅读它们。

这也可能是《资本论》最初遭到“沉默的阴谋”的原因。人们也可能在马克思投入《资本论》中的劳动与资本主义下的一般雇佣劳动之间画出讽刺性的平行线：前者是一项巨大的自我剥削的工作，

---

① 马克思，恩格斯. 马克思恩格斯全集：第 31 卷. 北京：人民出版社，1972：578.

后者代表一种更少满足的和更多异化的体制性剥削。但是，在这两种情况中，有一种比纯粹剥削的事实更糟糕的命运——被忽视。越来越多的工人遭受着命运的折磨，对他们来说，变得多余可能是最糟糕的情况。马克思的《资本论》是他付出爱的伟大劳动成果，是他几乎 20 年不断致力于政治经济学批判的结晶，却讽刺性地遭受到类似于工人不能出卖他们的劳动力的命运。为了继续我们的（显然是有限的）隐喻，评论家市场只是忽略了出售中的新商品，便剥夺了它有意义的存在的可能性。换言之，对于一部著作来说，唯一的比被严厉地批判（甚至被撕成碎片）更糟糕的命运就是被忽视。

“沉默的阴谋”在一定程度上是值得怀疑的，更令人满意的解释可能仅仅是马克思政治经济学批判的语言不能为政治经济学的支持者所理解。阿尔都塞非常正确地将激进的叙事和发现整个新大陆进行了比较：

> 马克思建立了一个新的科学——历史的科学。让我用一个形象的说明来解释。我们熟悉的许多科学都已经植入许多“大陆”。在马克思之前，两个这样的大陆已经向科学知识打开大门：数学的大陆和物理学的大陆。第一个由希腊人泰勒斯（Thales）建立，第二个由伽利略（Galileo）建立。马克思打开了科学知识的第三个大陆：历史的大陆。（Althusser, 1971: 16）

为了真正地理解它，人们必须要脱离旧世界，最终开始质疑这个世界的新旅程。可以理解的是，政治经济学家像他们在一个半世纪之前一样不愿意开始这次旅程。根据另一个法国理论家雅克·拉康（Jacques Lacan）的看法，马克思创立了征兆（Žižzek, 2008）。人们如果无视或否认征兆（经济和环境危机），就注定不会将它们看作更深层的结构（全球资本主义）的唯一表现。弗雷德里克·詹姆逊（Fredric Jameson）曾经评论说，在资本主义世界，人们更容易想象的是世界的终结，而不是资本主义的终结。终结时间的信条不仅仅存在于宗教派别和科幻小说里；它在字面上与当代政治构想交织在一起，更确切地说是与缺乏政治构想交织在一起。这个世界可能在大灾变中终结，但是还有时间重构它，让一切重新开始。另一方面，以现代自由主义民主来看，资本主义终结形成了一种更为本质的威胁。这里，不仅是世界而且可能是时代本身都被摧毁。因此，绝非巧合的是，时代问题成为苏联早期争论的核心，它曾企图超越资本主义时代。

这个时代混乱了

在深入探究将马克思的《资本论》中的概念框架运用于反对实际存在的资本主义的实践之前，让我们先用一些时间来考察一下《资本论》在理论上的接受度。正如我们已经看到的，这方面相当薄弱。有趣的是，对《资本论》进行了最审慎评价的国家之一来自世界上一个令人感到意外的角落：沙皇俄国。不是英国、法国或德国的评论家，而是 I.I. 考夫曼（I.I.Kaufman, 1848–1916）首先对它进行了评论。考夫曼是一个俄国经济学家，担任圣彼得堡大学的政治经济学教授，写了大量关于货币和信贷方面的著作。马克思对于考夫曼的评论感到满意，他在《资本论》第二版的前言中详细引用了这个评论。考夫曼抓住了马克思的论断的核心，在经历了一个半世纪的马克思主义争论之后，他的阐述方式如今仍然像在《资本论》刚出版的时候一样具有价值。为了说明他如何很好地综合了马克思的观点，我们可以在这里突出强调马克思本人在《资本论》第二版前言中引用的一段话：

> 马克思把社会运动看作受一定规律支配的自然史过程，这些规律不仅不以人的意志、意识和意图为转移，反而决定人的意志、意识和意图……既然意识要素在文化史上只起着这种从属作用，那么不言而喻，以文化本身为对象的批判，比任何事情更不能以意识的某种形式或某种结果为依据。[①]

将这种方法论转为政治实践，是那些拒绝对资本保持沉默的人最终面临的挑战。他们以《资本论》的名义反抗资本的革命发生在俄国，这是一个马克思和社会主义知识分子设想不会或不可能发生革命的地方。所以，苏联恰巧接受了《资本论》本质上表明了当今时代对《资本论》和资本主义在理论、政治和经济意义上的观点。我们要进一步考察这三个方面，并尝试从历史的角度去分析。我们的假设是，在这三个方面苏联（在理论上）的接受、（在政治上）的阐述和（在经济上）的实施，这对于左派和一般公众总体上理解《资本论》具有决定性的、持久的影响。

安东尼奥·葛兰西在十月革命之后不久，就写了一篇短而有力的论文《反〈资本论〉的革命》（*Revolution against Capital*）。根据葛兰西的看法，就《资本论》不是一部无产阶级著作而是一部资产阶级著作来说，布尔什维克革命是反马克思的《资本论》的革命。布尔什维克依靠单纯的政治意愿、热情和杰出的组织智慧，开创了本来不可能的革命——根据“历史的铁律”（iron laws of history），人的意志、意识和意图不可能成为独立的、优先的甚至是决定的力

① 马克思，恩格斯. 马克思恩格斯文集：第 5 卷. 北京：人民出版社，2009：21.

量。关于戏剧性的变化，葛兰西这样写道：

> 这种思想认为历史上占统治地位的因素不是天然的经济事实，而是人，社会中的人，彼此联系着的人，他们互相达成协议，并通过接触（文明）发展出一种集体的社会意志；是了解经济事实的人，他们对经济事实做出判断并使之适应自己的意志，直到这种意志成为经济的动力并形成客观现实。这种客观现实存在着、运动着，并且终于像一股火山熔岩一样，能够按照人的意志所决定的那样，在任何地方、以任何方式开辟道路。（Gramsci, 1977: 34-35）

因此，十月革命绝不仅仅是历史发展过程中的另一个事件；它甚至反对过往那样的历史，而开创了未来的历史。乔治·卢卡奇（György Lukács）在他的自传《生活的记录》（*Record of a Life*）中表明他在第一次世界大战期间也坚持这种神奇的观点。此时，他在批判地考察了政治形势之后，得出了下面的结论：德国和奥地利的军队也许会把俄国人打败，这意味着罗曼诺夫王朝（the dynasty of the Romanovs）将被推翻。这很好。德国和奥地利的军队也可能被英法军队打败，那将意味着霍亨索伦和哈布斯堡王朝（the Hohenzollern and Hapsburg dynasties）的垮台。这也很好。但是，那时谁将在西方民主面前保卫我们呢？这个答案以十月革命的形式出现，是对历史和政治之谜的解答（Lukács, 1983: 44）。

十月革命代表着一个伟大的政治开端，为自由和潜能打开了一扇窗户。1917 年和斯大林权力巩固之间的动荡时期，激发了许多有说服力的变革思想，尤其是在马克思主义理论领域以及社会和政治实践方面。当时的领导人和他们同时代的人，如伊萨克·伊里奇·鲁宾、叶夫根尼·帕舒卡尼斯和卢卡奇本人等，为马克思主义思想从根本上复兴和重新焕发活力开辟了道路。商品和法律形式、阶级意识、抽象劳动等主题在理论上和政治上被概念化，并被热烈地讨论。实际上，这些问题几乎不可分离，使得这个时期和这些作者更有吸引力。很难想象在革命之后处在政治和理论生活中心的抽象劳动和商品形式面临着怎样的困境，但它们就是如此。更糟糕的是，正如葛兰西已经预见到的，布尔什维克必须面对社会主义革命发生在尚未高度发达的资本主义社会的困难。这正是因为它所在的是一个经济不发达并且文化（相对）落后的国家。在分析苏联运用《资本论》的理论反对资本主义的具体尝试前，我们先要考察马克思提出的在苏联关于经济措施及其实施的争论中起着核心作用的一些概念。

抽象时间

马克思在《资本论》第1卷出版之后不久，写信给恩格斯，强调他认为他的著作有两个最重要的贡献。

> 我的书最好的地方是：（1）在第1章就着重指出了按不同情况表现为使用价值或交换价值的劳动二重性（这是对事实的全部理解的基础）；（2）研究剩余价值时，撇开了它的特殊形态——利润、利息、地租等。这一点将特别在第2卷中表现出来。古典经济学家总是把特殊形态和一般形态混淆起来，所以在这种经济学中对特殊形态的研究是乱七八糟的。[①]

① 马克思，恩格斯. 马克思恩格斯全集：第31卷（上册）. 北京：人民出版社，1998：331.

我们可以通过古代希腊社会的例子表明这一点。在《资本论》第 1 章里，马克思考察了亚里士多德的例子。尽管亚里士多德具有突出的智慧，持续考察着人类社会，但他在客观上和本质上不可能完全理解价值形式的现象。这位希腊哲学家能够形成简单的价值形式，并认为它在本质上与价值形式没有根本的区别。例如，五张床等于一栋房子，这种关系与认为五张床等于一定数量的货币是一样的。然而，这种等式只有在一种共同的物质基础上才有可能实现。不同事物，如床、房子和货币等通过这种共同物质在实践中找到共同的表达形式。亚里士多德离直接走向价值形式本身只差一步，他停止了，并指出这种物质可能对人们思考有帮助，但它是人为的，并且与具体的现实没有任何关系。

当然，这种物质就是人的劳动，或者更准确地说，是人的抽象劳动。只有通过它，才可能为整个商品世界不同的具体表现找到共同特性。人类劳动既然能够占据这种结构上的地位，那它普遍的可交换性一定是前提。这种人类劳动的特征在亚里士多德的占有奴隶的社会里并不存在。自由公民和奴隶的劳动形式本质上是不同的：奴隶的劳动受到了不同的监管，绝不可以自由和普遍地交换。[①]

抽象时间正如我们当今所理解和使用的，也就是用时钟和日历测量的相同时间单位的线性进度，其在过去几个世纪里已经战胜了对时间的周期性理解。在此之前，时间是“具体的”，并且依赖于外在的事件。在犹太－基督教（Judaeo-Christian）的传统和历史观中，事件并不发生在时间内部，而是事件本身规定了时间（Postone, 1993: 201）。时间分成内部相互可公度的单位，可以自由相互换算，

① 马克思，恩格斯. 马克思恩格斯文集：第 5 卷. 北京：人民出版社，2009：75.

因而导致了抽象时间的建立，其独立于外在环境和事件，具有自身的“生命”。抽象时间也就是一种历史的、具体的社会创造。因此，诸如抽象劳动等是某种完全外在于古代社会的东西。

在那些社会里，时间是周期性的，最大程度上屈从于农业生产（季节、日夜、自然现象、宗教传统的变化），所以不可谈论抽象的可交换性。时钟的发明明显将作为抽象本质的时间与具体的人类事件区别开来。这就是说，重要的是记住不是技术创新导致了社会变化，而是社会变化赋予了已经存在的技术手段以内涵。机械钟在抽象时间的概念确立之前就已经存在很久了。水钟出现在机械钟之前并由许多古代文明国家（埃及、叙利亚、美索不达米亚、中国、希腊、罗马等）使用过，它已经存在了几千年。尽管用水测量时间的基本原则相对简单，但是仍存在许多挑战：一些与水的物理属性有关系，另一些与季节变化和白天的长度有关系。尽管水钟比太阳钟更可靠和实用，但它们仍然需要不断地因昼夜长度的变化而进行相应调整。因此，这些装置必须定期校准，以确保它们与季节和昼夜长度变化相对应，这就需要更复杂的机制。与现代时间测量装置相比，这里抽象的和普遍的时间框架是建立在测量自然周期的基础上的，它们确实更加复杂（Postone, 1993: 200–204）。

因此，测量抽象的时间和抽象劳动的观念只在以资本主义生产为基础的社会才具有重要意义。但是，这两者并不是资本主义需要的和预设的全部抽象形式。苏联法学家叶夫根尼·帕舒卡尼斯因为其著作《法的一般理论与马克思主义》而在马克思主义理论历史方面享有盛名，他看到了资本主义的抽象过程是如何通过法律抽象得以实施的。公民概念包含普遍的权利、自由和法律，以及对具体个性的忽视，它代表着与大多数人在出生时就被社会地位预先安排好权利和义务的封建社会相决裂的概念之一。换言之，如果一个人出身于农民家庭，那么他最有可能至死都还是农民。相反，在资本主义中，正如约翰·斯坦贝克（John Steinbeck）曾经讽刺的那样："穷人不是将自身看作一个被剥削的无产阶级，而是将自己看作暂时窘迫的百万富翁。"

尽管设想了抽象的普遍性，但每个具体的个人在资本主义社会中也是得到法律承认的，这种抽象也是资本主义剥削的基础。帕舒卡尼斯认识到，对于资本主义生产体制来说，法律形式与商品形式一样重要。正如单个商品自身呈现为本质上（通过它们的使用价值）是价值的承担者一样，参与商品交换的个人自身也呈现为意愿和主体性的承担者（通过自由主义的抽象的公民概念和观念，如人权）。正如存在着商品的拜物教特征一样，也存在着个人的拜物教特征；从法律契约只是交换的另一方面，二者彼此互为前提来说，它们最终合二为一，成为同一种拜物教。换言之，商品形式和法律形式是互相补充的，我们体验的世界作为价值的表现实际上是商品－法律的世界（Pashukanis, 2007）。尽管这些主题和难题与早期苏联具体的政治和经济实践离得很远，但是相比最初出现的时候，联系要紧密一些。在下一部分，我们将考察时间的概念与理解是如何在建立苏联许多不同经济政策中起到根本性作用的。

理性的、有感召力的时间

在一部极有吸引力但有些被忽视（最可能的原因是它出版的时间：1997 年）的著作，即《时代与革命：马克思主义和苏联制度设计》(*Time and Revolution: Marxism and the Design of Soviet Institutions*)中，史蒂芬·E. 汉森(Stephen E. Hanson)给出了时间和革命在苏联复杂的相互作用的最初场景。汉森的假定是：马克思、列宁和斯大林都有关于时间的概念和作用的共同看法。他们都抛弃了时间的“理性”概念，即时间是一种独立于具体事件的抽象事物，时间并未决定这些事件。汉森运用了马克斯·韦伯(Max Weber)对于理性、传统和感召力的区分(最初与领导权相关)，声称他们也抛弃了时间的纯粹“感召力的”概念。相反，他们的理解是“有效的革命实践依赖于运用理性时间规则来掌握时间本身”(Hanson, 1997: 8–9)。我们现在考察将理性的时间和有感召力的时间综合在一起，在整个马克思主义历史中是如何发展并企图实施社会主义政策的。

我们从 19 世纪后半期马克思去世开始着手，当时德国社会民主党成为一支不容忽视的力量。因为掌握政权的前景变得更为现实，所以如何通过具体的政治实践来实施社会主义蓝图的策略和战略成为更紧迫的问题。关于如何着手实施它们，所有不同的答案归为三个不同的阵营。爱德华·伯恩施坦给出的是右派的答案，他认为革命并未临近，不管是好还是坏，必须与资产阶级达成某种程度的停战。根据汉森的看法，他坚持的是“理性”的时间概念，这种看法完全充斥于我们当代的、自由民主的社会。所有革命的唯意志论和热情都是无用的、反生产的，甚至是有害的。换言之，正如伯恩施坦所说的：“运动就是一切，社会主义最终的目的算不了什么。”

与上述相反，罗莎·卢森堡代表左派回答，认为目标就是一切，但是运动如果没有实现其目标就微不足道；她坚信无产阶级大众及其自我解放的能力确定了时间的“有感召力的”的特征。

“马克思主义的教皇”卡尔·考茨基采取中间立场，是正统的综合，即持理性 – 感召力的观点。中间立场尽管没有做出任何真正的政治或理论贡献，但忠实于正统，并在此基础上能够既批判左派又批判右派，同时将党团结在一起。当布尔什维克掌握政权时，不同的演员演出同样的戏剧；而现在，孟什维克是右派，认为条件还不成熟，俄国首先要经历一场资产阶级革命。罗莎·卢森堡仍然是左派力量的最强有力的代表，左派力量尽管总体上很欢迎布尔什维克，但也激烈地批判了这个党不断上升的精英和官僚化危险。另外，汉森认为前者表达了理性时间观点，而后者则表达了颇有感召力的认知。中间立场将两者结合起来，形成了时间理性 – 感召力观点，这也体现在列宁的观点和政策中。

1914 年，当第二国际最突出的成员为战争贷款投票时，第二国际自身也颜面尽失。列宁是少数几个深刻意识到这是什么样的灾难性决定的人之一。但他不是马上将他的注意力转向组织问题，而是花费三个月的时间深入研究了黑格尔的《逻辑学》。我们应该记住此时他已经将一生中的 20 多年贡献给了革命事业，并且尽管如此，在 44 岁的时候，也就是在战争期间，他又致力于研究此前所有时代最复杂的哲学家之一。恩斯特·布洛赫（Ernst Bloch）后来认为正是列宁本人通过回到黑格尔辩证法的核心而复兴了真正的马克思主义。他接着指出：“正是列宁恢复了正统的马克思主义，其前提是黑格尔的知识，这与庸俗的、概要性的和更缺乏传统的马克思主义形成了对比，后者像从手枪里射出的子弹，将马克思与黑格尔隔离开来，从而将自己与马克思隔离开来。”（转引自 Anderson, 2007:

123）事实上，在黑格尔和马克思之间的联系被忽视半个多世纪之后，正是列宁再次阐述了它。乔治·卢卡奇的《历史与阶级意识》（*History and Class Consciousness*）和卡尔·柯尔施（Karl Korsch）的《马克思主义和哲学》（*Marxism and Philosophy*）都出版于1923年。这两部著作通常被认为是区别于苏联哲学的西方马克思主义的开山之作。但是，相当具有讽刺意味的是真正的开创者实际上似乎为列宁！

中央劳动研究所与时间联盟

马克思主义的上述两个发展阶段是众所周知的。第三个阶段是经济学领域，对此，汉森阐述了时间王国中的感召力和理性之间的辩证法，提出了一些更鲜为人知的观点。这些从苏联接受《资本论》和建立具体的发展政治经济学的视角来看特别有趣，苏联常常想在理性进步和经济增长以及感召力的热情和以革命推翻旧秩序即资本主义之间保持平衡。汉森认为，阿列克谢·捷斯提夫（Aleksei Gastev）的著作描述和确定了"右派"对社会主义时间规则的解读；另一方是普雷东·克尔任采夫（Platon Kerzhentsev），他对感召力的解读是"左派"的。中间地带是引入综合的中派立场，斯坦尼斯拉夫·斯特鲁米林（Stanislav Strumilin）秉持这种立场，斯大林后来在第一个五年计划期间采纳了这种立场（Hanson, 1997: 123–124）。我们依据汉森的分析，现在进一步考察一下所有这三种发展模式。

1920年，在列宁的支持下，捷斯提夫建立了中央劳动研究所（the Central Institute of Labour）。像列宁一样，捷斯提夫是美国机械工程师弗雷德里克·温斯洛·泰勒（Frederick Winslow Taylor）的杰出推崇者，泰勒是效率研究、时间管理和总体工作优化的开拓者之一。泰勒的方法包括细致研究工人在其工作日的活动。泰勒在分析这些数据的基础上，提出了“优化”这一概念，认为可使“优化”成为一种资本主义的“奥卡姆剃刀定律”（Ockham’s razor）[①]。任何不必要的动作都要被取消，花费的非生产时间（比如，等待机器的时间）都要利用起来，等等。换言之，通过这种改善，劳动者会变得更有效率和竞争力，能够在更短的时间、用更少的资源来完成任务。这种科学管理绝不是过去的事情；相反，时间管理和生产效率是当今资本主义的核心。为解决时间管理和生产效率问题还专门产生了一个行业，其从业者包括帮助解决集体难题的协调者、促进团队构建的激励者以及研发不同的提高生产率技术的社会科学家。一个全新的顾问阶级也就产生了，他们专门解决上述提到的难题，声称他们能够促进工人提高生产率。最终，他们也只能改善他们的银行账户，而提高生产率主要靠压榨工人。

捷斯提夫痴迷于生产率优化，甚至深入比较了卡尔·马克思和亨利·福特（Henry Ford），承认他们完全相反，但又认为二者关于生产过程也有一些共同的观点和分析方法。因此，更加理性的资本主义生产是消灭资本主义和实现无阶级社会的路径。这些观点实际上与马克思在《资本论》中形成的观点完全相反；对马克思来说，资本主义是一种以利润生产为基础来实现利润目标的体制，它的基本推动力既是同义反复的也是目的论的，因为在它能够建立的自身逻辑之外没有任何东西了。当然，实现利润的前提是榨取剩余价值。

① 奥卡姆剃刀定律是由 14 世纪英格兰的逻辑学家提出的。这个原理称为“如无必要，勿增实体”，即“简单有效原理”，也就是不浪费较多东西去做，用较少的东西同样可以做好事情。——译者注

根据价值规律，劳动是所有价值的源泉。正如马克思在他的《哥达纲领批判》(*Critique of Gotha Programme*)中强调的，劳动并不是所有财富的唯一源泉，自然还有另外的源泉，但是只有劳动才能产生价值。正如马克思在他的政治经济学中所表明的，剩余价值是在生产过程中产生的，这时工人生产出来的价值大于他们得到的报酬。实际上，单个工人的劳动时间是由他得到工资所花费时间和他生产而又被资本家占有的剩余价值的时间构成。

资产阶级的利益就是将这种剩余尽可能扩大，因此实现更多的利润。但是，在这种毫无顾忌的、持续追求利润的竞赛中，资本家常常与其他资本家展开竞争。任何资本家在获得与他们的竞争者相比的优势过程中都依赖于科学，所有人都提到需要投资于研发，引入基本上相当于提高劳动生产率的创新。最终，这就意味着用更少的时间和劳动力生产出更多的商品，也相当于解雇工人和加强对剩余工人的剥削。

普雷东·克尔任采夫完全站在生产过程困境的对立面。他参与了波格丹诺夫(Bogdanov)的无产阶级文化运动(proletkult movement)，他对社会转型的革命性见解完全是站在"感召力的方面"(Hanson, 1997: 116)。克尔任采夫建立了所谓的"时间联盟"(Time League)，号召那些具有共产主义意识的人在"自发时间原则"(spontaneous time discipline)基础上组织起来。他们的行为确实值得一提：

> 在克尔任采夫的领导下，时间联盟的一些热衷者定期与党的负责人和工厂管理者匆匆会面，揭露他们遇到的浪费时间的情况，并且一般情况下他们在这个过程中会浪费大量时间。在

> 与青年先锋队（the Young Pioneer）合作的过程中，将对时间联盟的宣传灌输到青年共产党人的头脑里，使这些青年领导人吸收不断变革的时间原则规范，即其将会成为社会主义的普遍时间原则。（Hanson, 1997: 125）

尽管克尔任采夫的感召力方法和时间联盟在高峰时期吸引了大约 25 000 名成员，但是他像捷斯提夫一样，并不是特别成功。两者面对的都是对他们关于生产过程的理性科学分析或感召力的热情并没有什么印象的工人，都需要鼓励自愿服从“自发时间原则”。

“综合”来自斯坦尼斯拉夫·斯特鲁米林的著作，他在设计第一个五年计划中发挥了核心作用。斯特鲁米林开始认识到人的身体能够完成的东西存在着某种限制，推动它超出这种限制将会导致工作更加低效。他认为，一个人只能占用一天中 1/3 的时间或他全部能力的 1/3 来工作，这种质量和数量的投入会带来最好的效果。如果要延长工作时间或加强工作强度，自然免不了要求工人每天付出另外 2/3 的时间，最终将导致效率更低（Hanson, 1997: 123）。斯特鲁米林在一定程度上重新确认了旧的三分法：8 小时工作，8 小时自由时间，8 小时休息。但是，这并不意味着其他 2/3 的时间不服从关于优先的 1/3“工作”时间的某些规定。给予工人足够的休息很重要；更重要的是休息和自由时间要有效利用。自由时间绝不是用在无所事事上，而要用于创造性追求和娱乐等。休闲时间的积极计划将反过来有利于工作过程。休闲时间因此主要被看作工人自身“再生产”（休息、吃、社会化、睡觉）的时间，这样他的劳动力就能够在第二天使用。

临近的新革命

最终，这三种管理策略都没有真正成功地超越资本主义的核心。它们只是在如何最优地从劳动力身上榨取剩余价值方面进行了一些改变。无论是通过革命性的乐观主义、细致的生产控制，还是两者兼而有之，归根结底，这三种策略都只是由价值形态支配的政策变体。有趣的是，苏联领导人似乎深刻意识到了这种矛盾的任务——用资本主义方式超越资本主义。换言之，更好地运用资本主义生产似乎是消灭资本主义的必要步骤。列宁做出了让步，引入了新经济政策（the New Economic Policy），使国内贸易大大自由化，并且在某种程度上允许对外贸易。在他去世后，党的领导人面临着取消这些政策的压力，因为它们存在着破坏政治主权的危险。

但是，在 20 世纪 30 年代，斯大林在第一个五年计划期间提出了苏联落后发达资本主义国家 50~100 年的著名论断。或者弥补这个差距，或者任由整个社会主义实践最终失败。巨大努力和对人的极大剥削成功地让苏联跻身于世界上主要的工业超级大国。[①] 可以说，即使斯大林的伟大对手里昂·托洛茨基也不能否认这些成就，即使这样一种工业闪电战与他做出的关于产业军的建议相去甚远，同时他仍然是这个党的一名领导人。尽管尼基塔·谢尔盖耶维奇·赫鲁晓夫主张去斯大林化，但他在感到足够自信地向美国说“我们将要埋葬你们”的时候，也反复强调了这个逻辑。历史却反转了，在这之前，苏联实际存在的社会主义几乎自行灭亡了。但它的崩溃产生了戏剧性的后果，对左派的总体计划、福利国家、工会力量等产生了极为有害的影响。

---

① 这种说法在一定程度上存在着对苏联的误解。——译者注

马克思在他的《政治经济学批判》（*Critique of Political Economy*）中写道，人只能要求自身能够实现的任务。然而，20 世纪的社会主义难道不是在它能够得到充分的答案之前被问的问题吗？在某种程度上确实是，但话又说回来，除了人本身之外，没有谁能够创造历史。将社会主义事业（甚至它的国家形式）的历史看作全球资本主义发展的相反趋势是可能的。以这种相反的观点看，这些国家和社会一般在经济上大量自给自足，处于能够使自己不会陷入半依赖或完全依赖状态的全球外围地区，正如现在大多数原东欧集团（Eastern bloc）国家的实际情况。从积极的一面看，20 世纪社会主义作为反趋势，能够提供从事工业化和现代化事业所需要的空间和独立性。结果似乎是，当这些事业成功了，最终引发资本主义具体问题（通货膨胀、公共债务和外债）的时候，社会主义作为全球的反趋势会变得越来越弱，最终屈从于资本主义全球化的压力而不再允许这种经济上的自给自足。至少以资本的观点看，柏林墙的倒塌打开了已经凝固的边界。这种空间在当前依然存在，但是普遍地说，实际上是资本主义全球化大行其道。资本主义为了繁荣，迫切需要社会生活进一步商品化。这使得各种经济体前所未有地试图进行国际合作：当今的贸易和服务协议，如 TTIP（跨大西洋贸易与投资伙伴）、CETA（全面经济和贸易协定）和 TiSA（服务贸易协议）是西方世界对以缩略词 BRICS（金砖国家）为代表的凝聚在一起的、不断崛起的全球经济体的反应。但是，它们不仅仅是地缘政治的重新安排，还表明了社会关系的深刻质变。这些协议通过将大量权力从民族国家（nation-states）转向超国家的权威（supra-national authorities），通常得到公司代表的支持，或者表现为削弱国家的政治主权。事实上，只有在资本主义条件下，这些协议才会导致国家的衰落。其目的是消灭全球体系中的最高主权政治体——民族国家，并把它降为一个管理单位。

股份公司（joint-stock companies）已经呈现出一种有效消灭私有和引入集体所有的形式，它们当然仍处在资本主义生产体系里，所以类似的过程可能会出现在民族国家。尽管贸易和服务协议的目标是消除任何有意义的社会、医疗、教育、养老或环境政策（任何类型的决策基本上都不是直接从创造利润出发的），但民族国家似乎正融合为地区国家，最终成为全球国家。如果无视这种全球国家所依靠的机制，它将成为高度剥削和不平等的社会。这里，反趋势的计划像 20 世纪的社会主义一样，再一次成为迫切需要的东西。公民社会的各个阶层参与反对上述过程，一个真正的替代过程（至少在局部）已经开启。一旦这种替代过程开始以更加组织化的方式发展起来，将有必要深入研究和吸取消灭资本主义的第一次尝试的成功经验和教训。

参考文献

Althusser, L. (1971). *Lenin and Philosophy and Other Essays*. New York: Monthly Review Press.

Anderson, K. B. (2007). The Rediscovery and Persistence of the Dialectic in Philosophy and in World Politics. In S. Budgen, S. Kouvelakis and S. Žižek, eds., *Lenin Reloaded*. Durham, NC: Duke University Press, 123–147.

Gramsci, A. (1977). *Selections from Political Writings: 1910-1920*. London: Lawrence and Wishart.

Hanson, S. E. (1997)*Time and Revolution: Marxism and the Design of*

Soviet Institutions. Chapel Hill: University of North Carolina Press.

Lukács, G. (1983)*Record of a Life*. London: Verso.

Marx, K. (1867) Karl Marx to Engels in Manchester.

Marx, K. (1869). Karl Marx to Ludwig Kugelmann.

Marx, K. (1990). *Capital, Volume 1*. London: Penguin.

Marx, K. (1991). *Capital, Volume 3*. London: Penguin.

Marx, K. (1993) Grundrisse. London: Penguin.

Pashukanis, E.B. (2007). *The General Theory of Law and Marxism*. New Jersey: Transaction Publishers.

Postone, M. (1993). *Time, Labor, and Social Domination*. Cambridge: Cambridge University Press.

Žižek, S. (2008). *The Sublime Object of Ideology*, London: Verso.

第 4 章

《资本论》与劳动价值论

普拉哈特·帕特奈克

劳动价值论通常被认为是对众多商品之间的相对价格的一个解释，或者被认为是对“商品的货币价格”（money prices of the commodities）的一个解释，也就是就货币商品而言的众多非货币商品的相对价格，二者可以被看作同一件事。然而，这是错误的。“劳动价值论”从未声称是对商品相对价格或“任何特定”（any particular）商品的价格的解释，除非是“第一近似值”（这个概念意味着它本身一直含糊不清）。在我看来，劳动价值论基本上讨论的是关于货币商品与非货币商品之间的相对交换比率。劳动价值论认为，除非这一基本比率是明确的，否则在像资本主义这样一个使用货币支付工资的经济制度中，既然不能确定特定的非货币商品的货币价格，也就因此不能确定这些商品彼此的相对价格。

换句话说，劳动价值论认为，有一种价格决定的元规则（meta-rule），没有它，甚至商品的相对价格也无法确定。例如，在瓦尔拉斯体系（the Walrasian system）中，包括货币商品在内的所有商品依据的都是一个标准，所有商品和商品市场都是对称的。劳动价值论认为，即使是非货币性商品之间的相对价格，也离不开货币商品与整个非货币商品世界之间的交换比率的元规则。换句话说，“货币对商品关系”和“商品对商品关系”是不对称的。劳动价值论主要涉及对这一元规则的研究。

它假定的这个元规则当然就是，单位货币商品与单位非货币生产商品总量之间的相对交换比率是由直接或间接包含的相对总体劳动量来确定的。[①] 它提出了一个问题并提供了具体的解决方案，但却没有提出甚至不曾意识到其他理论体系。而且，从“货币对商品关系”的考察来看，如果它被看作特殊的、不对称的，与“商品对商品关系”相比，它便属于宏观经济学的范畴，劳动价值论必然是宏观经济理论；它具有宏观经济学的视角，却未继承任何其他理论传统；它关注的是一些关于资本主义经济体的宏观经济性质的论述，它们在总体构成上非常独特。

具体来说，我将重申作为资本主义经济体中的宏观经济学理论的劳动价值论，它提出了以下三个命题：

> 命题 1：在这样一个经济体中，货币不仅仅是为了商品流通而存在，它还是一种财富形式，所以在任何时期平均持有的货币都远远超过流通所需的货币。
>
> 命题 2：尽管如此，对于任何固定资本的既定产能利用水平，都有一个独特的产出总量的货币价值，这与货币供应总量无关。

---

① 当总产出的货币价值等于该总产出包含的以货币商品为单位的劳动量时，在既定货币工资的情况下，S /（C + V）这个盛行于价值计算体系中的商品总量，将与价格计算体系中的利润率不同（当各个部门利益均衡时）。换句话说，接受上面提到的元规则并不意味着就能像马克思所说的那样实现“价值转化”。但这是次要的问题，重要的是元规则本身。

命题 3：对于任何既定的产能利用水平，货币工资率的上升会降低最大的可实现利润率。

应该指出的是，这些命题也可以成为其他理论体系的一部分，它提供了一个不同的元规则。在这种情况下，货币和非货币商品之间的相对交换比率不是由体现的相对劳动量决定的。但由于这个元规则本身的必要性只有在劳动价值论方法的问题中才能被认识到，所以这个命题被看作劳动价值论所定义的宏观经济学方法的一个组成部分。

此外，考虑到决定货币 – 商品交换比率的元规则存在的必要性（这一必要性由劳动价值论方法所强调），除了相对劳动外，任何关于是什么在决定这一交换比率的答案都是不恰当的。这么说至少有三个原因。

首先，任何这种不同的解释总是可以归入相对劳动的解释中，作为它的一个变种，比如，引入金矿主的垄断租金（这也许可以解释为什么黄金对商品的比率与所体现的相对劳动量不完全对应）。换句话说，货币与商品世界之间的一个固定比例，即使在经验上与所体现的相对劳动量不对应，也可以被解释为是基于它的一种存在。

其次，众所周知，依据体现的劳动相对量而做的解释，对商品形态的分析有着深远的意义。它不仅承认了劳动属于资本主义下本体论范畴的中心地位，而且使人们注意到劳动的二重性，即具体劳动和抽象劳动是源于商品的二重性：使用价值和交换价值。

最后（这一原因是更直接的分析），根据凯恩斯（1979）的说法，16 世纪的通货膨胀标志着现代资本主义的起源。凯恩斯对此解释道，西班牙的黄金向欧洲的流入，对欧洲大陆的两个不同地区产生了完全不同的影响。像英国这样的国家对货物的需求增加，导致利润膨胀（因为货币工资黏滞），从而增加了投资机会。但是，在西班牙和葡萄牙这些更“封建”的社会里，这种黄金的流入增加了对劳动力的需求，导致了货币工资的上涨，从而挤压了利润空间，阻碍了投资。

但是，马克思用劳动价值论的方法对 16 世纪通货膨胀的解释则完全不同。并不是黄金的流入增加了欧洲可获得的贵金属的数量从而造成了通货膨胀，而是因为西班牙殖民地的新矿工减少了一单位黄金所体现的劳动量。这里的重点并不是就这个特定问题展开辩论，而是强调：劳动价值论对通货膨胀的解释从根本上不同于任何形式的货币主义（其中，凯恩斯的解释可以说是有迹可循的）。因此，劳动价值论的解释并不只是和货币与商品的交换比率有关；它更重要的是涉及了这一比率的变化。与货币主义相比，劳动价值论代表了通货膨胀的另一种观点。

在上述三个命题的背景下，必须立即提出两个注意事项。第一，这里的货币是指商品货币，如黄金（也包括可以随意与这种有固定交换比率的商品货币兑换的纸币），而不是不可转换的纸币（在更晚的时候）。第二，上述第二个命题和第三个命题适用于任何既定的产能利用水平；它们本身并不主张某种特定的产能利用水平必然会在经济中“处于平衡状态”。例如，第三个命题一定不能被解释为，确定货币工资水平的平衡 1 和货币工资较高的平衡 2 相比，后者一定具有较低的利润率。简而言之，劳动价值论本身并未对货币工资上涨会产生什么样的平衡提出任何主张。简单地说，在既定的产能利用水平上，“例如，在某一既定资本存量水平下的既定产出水平上”，如果货币工资上升，那么利润率肯定会下降。因此，在劳动价值论假定的向下倾斜的 w-r（工资利润曲线）边界中，r 指的是“既定产出利润率”。

很明显，体现上述三个命题的劳动价值论完全是马克思的理论。人们普遍认为，古典政治经济学，尤其是李嘉图的理论体系（the Ricardian system），是劳动价值论的来源，马克思应该从中有所借鉴。但上述三个命题只适用于马克思，而不是李嘉图、斯密或其他人。因此，我们提出的劳动价值论并不是李嘉图和马克思之间的共同之处，而完全是马克思主义的。如果我们也用劳动价值理论来表征李嘉图的思想，那么我们就应该清楚，这个理论与上述三个命题的形式完全不同（实际上，李嘉图的理论用其他名称会更好）。

同样清楚的是，上述三个命题不具有任何其他经济学理论体系的特征，既没有凯恩斯主义（the Keynesian）、瓦尔拉斯主义（the Walrasian）、马歇尔主义（the Marshallian）的特征，也没有像已经提到过的那样，具有李嘉图主义的特征。既然我把劳动价值论作为这三个命题所定义的宏观经济学方法的代名词，那么从我的论点来看，劳动价值论方法的有效性就取决于这三个命题的有效性。如果三个命题是有效的，那么劳动价值论作为宏观经济学的一种特殊方法，就得到了验证。而且，对劳动价值论方法的验证意味着其科学优势超过了其他宏观经济学方法；换句话说，它证明了其他宏观经济手段的局限性。

澄清这里涉及的所有问题的最好办法，或许是看看这三个命题在关于价格的劳动价值论元规则（the labour theory meta-rule on price）下如何都得以满足，而在其他任何理论体系下都不能被满足。如果这三个命题能够被确立，那么就可以确立劳动价值论方法的特殊性质，并且将这些命题界定为“劳动价值论”方法背后的规则也会确立。接下来，我将关注的是为什么这三个命题只能在劳动价值论的元规则之下，而不能在所有其他理论体系下统一起来。

由于人们普遍认为李嘉图和马克思的价值理论是相同的，所以最好从李嘉图开始印证他的理论和马克思的理论的基本区别。在李嘉图那里，货币商品与非货币商品并没有不同的根源。也就是说，货币和非货币商品之间的对称性既是瓦尔拉斯理论也是李嘉图理论的特征，尽管他们有着非常不同的价格理论。例如，李嘉图把货币商品和其他商品一起纳入了工资率和利润率均等化规则中。任何商品的货币价格，只不过是在所有部门（包括货币商品部门）处于一个都能获得相同利润率和支付单位劳动的相同工资率的均衡状态下，相对于货币而言的相对价格；这取决于生产条件和外在的既定工资率。

既然在这种均衡价格结构下，每个部门的需求都是均衡的，那么货币供给的数量也必须等同于货币需求的数量；如果从“货币的天然价格”相对于非货币商品的平衡状态出发，货币供应由于某种原因增加了，那么货币的“市场价格”（market price）就必须低于“自然价格”（nature price），正如具有权威性的李嘉图理论所描述的，“这意味着所有商品的价格都必须上涨”。

货币供应的增加必须提高商品的货币价格这一观点，是李嘉图理论不可或缺的一部分，但它不过是一种纯粹的货币主义。李嘉图在短期内是一个货币主义者。为了使用琼·罗宾逊（Joan Robinson）的经典表达方式，在短期内（当“市场价格”占上风时），他“从左向右”解读货币量方程式 MV = PQ；而在长期内（当“自然价格”或“生产价格”占上风时），他“从右向左”解读货币量方程式。然而，只有当对货币的需求完全出于流通商品的需求时，即货币作为一种流通手段而不是一种财富持有形式时，才能从左向右解读货币方程式，因为在后一种情况下，货币供应量的增加只会增加持有的财富数量，而不会对非货币商品的货币价格产生任何影响。

因此，在利润率与工资率相等的均衡状态[①]下，货币在商品圈子的引入，在逻辑上需要货币只作流通手段而非财富形式；李嘉图和他的口译员詹姆斯·穆勒（James Mill）明确地说过这一点[②]。的确，李嘉图对普遍的事前过度生产的否定及对萨伊定律（Say's Law）的接受，是以货币不是财富形式为前提的。

这种否认货币是一种财富持有形式的说法，不仅在经验上让人明显感觉到它在资本主义经济下是不真实的，而且在逻辑上也是站不住脚的：即使货币是一种流通手段，也一定至少在一瞬间是财富持有形式；如果在一瞬间货币成了财富持有形式，那它绝对没有理由在超越这一瞬间之后就不再是财富的持有形式。如果货币在一个更长或一个更短的时期内是财富的持有形式，那么它的流通速度就不再是一个永恒不变的数值，而出现普遍提前过度生产的情况也就

① 关于这个问题的讨论，以及斯密和李嘉图在这一方面的差异的分析，参见 Dobb（1973）。

② 詹姆斯·穆勒为李嘉图辩护，认为货币只是流通媒介，因而有着永恒不变的流通速度。关于对穆勒辩护的批评，参见 Marx（1971）。关于这整个问题的讨论，参见 Patnaik（2009）。

成了可能。

因此，李嘉图的货币价格决定理论在经验上和逻辑上都是站不住脚的，当然与马克思主义理论形成了鲜明的对比。正如我们三个命题中的第一个命题明确指出的那样，货币是一种财富持有形式，因此，萨伊定律并不成立。因此，确定货币商品与非货币商品世界之间的交换比率，不能像李嘉图或斯拉法（Sraffa, 1960）那样用非货币商品的相对价格来确定生产的相对价格，而是必须单独说明。劳动价值论正是这样做的：它指出，这个交换比率是由体现在单位货币商品和单位非货币商品总量中的相对劳动量决定的，这意味着货币商品没有参与利润均等化规则。

相对于货币价值并因而相对于宏观经济学来说，劳动价值论方法的特殊性质与李嘉图理论相比是显而易见的。这种方法得出了一整套与李嘉图理论相反的结论：货币是一种财富持有的形式；永久存在的货币超过了流通商品所需而大量存在着；普遍提前过度生产非货币商品成为可能；否定萨伊定律；否定货币主义，不论是短期的还是长期的。马克思坚决反对货币主义，那些认为他只追随了李嘉图脚步的人忘记了一些有趣的理由。

当然，瓦尔拉斯体系接受货币主义，以至于弗兰克·哈恩（Frank Hahn, 1984）将货币主义定义为以瓦尔拉斯均衡为特征的现实世界的信仰。这基本上排除了将货币作为一种财富形式的可能性。正如马歇尔所说，将持有存款余额纳入瓦尔拉斯体系的尝试（这些存款余额不仅与货币收入的数额有着固定关系，也与货币的财富需求有着多变关系）受到逻辑矛盾所困扰，以致无法讲出任何连贯的故事：如果经济主体把货币当作一种财富持有形式，那么所有的市场通过价格弹性来实现市场出清的主张都不能在瓦尔拉斯体系中建立起来。[①] 由此可见，我们的三个命题中的第一个和第二个命题规定的劳动价值论在瓦尔拉斯体系下违背了宏观经济学。

虽然这是显而易见的，也是无可争辩的，但凯恩斯主义和劳动价值论方法之间的比较更有启发性，因为两者都接受了第一个命题，即货币是资本主义经济中的财富持有形式，这就为非货币性商品普遍提前过度生产提供了可能性。第二个命题也适用于凯恩斯主义体系，“但实际上货币工资率是既定的”。在固定资本存量的任何既定能力利用水平下，或者在同样的情况下，在任何既定产出水平下（在一定生产条件下），生产商品的货币价格水平由既定的货币工资率决定。“劳动价值论方法的第三个命题在凯恩斯主义体系中并不成立”。

在凯恩斯看来，考虑到投资水平，通过乘数使总需求水平、就业水平得到确定，就能使实际工资水平也被确定（因为凯恩斯相信实际工资率和边际劳动产品之间的均衡）。总之，实际工资率是由系统内部总需求水平决定的。货币工资率的上升“不能改变实际工资率”，除非它能引起总需求水平的变化。因此，对于任何既定的产出水平，与劳动价值论方法所认为的不同，货币工资率的上升并不会降低利润率。

任何既定产出的货币工资的上升都会影响货币价格的提高，使实际工资和利润率保持不变。很明显，这只能发生在纸币或信用货币世界，而不可能发生在商品货币世界。事实上，让货币价格取决

① 这个问题在帕特奈克的《货币的价值》（*The Value of Money*, Patnaik, 2009）中被讨论过。

于货币工资的凯恩斯主义的货币价格决定理论，预设在一个使用纸币或信用货币的世界里，货币本身不是一种生产商品，不使用雇佣劳动，没有生产成本可以与非货币商品的生产成本相比较。

因此，劳动价值论方法和凯恩斯主义方法之间的区别直接归因于它们各自的货币概念。前者在商品货币方面起作用，后者在法定货币或信用货币方面起作用，这一事实针对凯恩斯主义方法提出了一个重要的问题。如果货币是一种财富持有形式，那么商品的价格就不应以高于其存置成本的速度上涨，因为在这种情况下，商品将取代货币，成为财富持有形式。当然，并不是所有商品都能发挥这样的作用，但如果货币价格预期会有足够的增长，存置成本可能最低的商品（例如黄金）就可以取代货币成为财富的形式。因此，凯恩斯主义理论的核心是自相矛盾的。

该理论存在的价值在于，财富是以货币形式持有的（否则就不可能有普遍的事前过度生产）。但是，就包括黄金价格在内的商品价格会上涨而言，如果货币纯粹是法定货币或信贷货币，那么它就不可能继续构成一种财富持有形式。

当然，如果货币工资根本不增加，那么就货币而言商品的价格就不会增加，因此货币作为一种财富持有形式的功能将不会受到威胁（除非是在资本主义制度下达到最大产能产量时预期需求过度的情形下）。具有洞察力的凯恩斯主义者琼·罗宾逊认识到了这个问题，并试图去假设存在一个“通货膨胀壁垒”（inflationary barrier），从而在理论上解决这个问题，即假设只要失业率超过一定的门槛，单位工资就会保持稳定，因此，货币作为一种财富形式的作用不会受到威胁。她的论点只限于单个周期，但是因为菲利普斯曲线

（Phillips Curve）在历史证据的基础上表明静态价格期望（即人人都希望当前的价格水平在下一个时期甚至在通货膨胀中占上风）是现实的，所以这种凯恩斯主义理论的核心矛盾可以被悄悄容忍。[①] 然而，从理论上看几乎没有理由这样做，这就是为什么凯恩斯主义可能因非加速通货膨胀失业率（non-accelerating inflation rate of unemployment, NAIRU）理论随后的发展而遭到破坏。

即使抛开 NAIRU 理论，基本论点仍然存在：如果货币不是商品货币而是一种财富持有形式，那么在这种制度中必定有某种东西来确保商品货币价格的稳定；在一个所有商品都是生产商品的世界（即没有"租赁商品"），它要求要么货币工资的上涨在价格没有任何变化（或者价格变化不大）的情况下使实际工资上涨，要么货币工资根本不应该上涨，为此必须保持足够高的失业率水平。

然而，凯恩斯主义却没有提出任何假设（琼·罗宾逊的"通货膨胀壁垒"仅被视为一种理论上的可能性，并没有多少实际意义）。取而代之的是，至少在凯恩斯最初的表述中，"货币幻觉"（money illusion）这个微观概念表明，工人们太过专注于货币工资了，以至于只要它不减少，即使在实际工资下降的情况下，他们也没有提出更高的工资要求。因此，这一问题被掩盖起来了：即使在总需求增加的情况下，货币作为一种财富持有形式的作用也不会被削弱，因为没有理由让货币工资上涨，即便工人们受到了"货币幻觉"的影响。然而，在这一过程中，凯恩斯主义体系仍存在着严重的矛盾。

---

① 菲利普斯（Phillips, 1958）当然不直接测试静态价格预期。但是，他所得到的失业率和货币工资率（或后来版本中的价格）的变化率之间的关系只能在静态价格下预期。请参阅 1997 年帕特奈克的讨论。

现在，让我们从这个特定的角度来考察劳动价值论的方法。劳动价值论的观点认为，货币工资上涨会导致实际工资的上涨和既定产出利润率的下降，这是马克思在第一次国际会议的演讲中最先提出的一个命题，后来被发表为《价值、价格与利润》（马克思自己也预言了尚未出版的《资本论》的论点）。马克思直接批判了约翰·斯图亚特·穆勒（John Stuart Mill）的追随者韦斯顿的观点。韦斯顿根据穆勒的工资基金理论认为，工会的行动不能使所有的工人都同时过得更好。

当然，李嘉图和瓦尔拉斯的支持者都认为货币工资上涨会提高实际工资，但后者基于萨伊定律做出了假设，推断出货币并不构成一种财富持有形式。“劳动价值论方法的独特之处在于，即使在萨伊定律不成立的世界（因此货币主义是站不住脚的），货币工资的上涨也会提升实际工资”。

这就是劳动价值理论与凯恩斯和卡莱基（Kalecki）不同的地方。正如我们所看到的，凯恩斯认为，实际工资是由总需求水平内生决定的；除非影响了总需求，否则货币工资的增长只会提高价格。卡莱基面对的是一个寡头垄断的世界，在那里，价格是企业决策的结果。在这样一个世界里，虽然货币工资增长会导致实际工资上涨，但是利润却不会下降，反而产出会因为总需求的上升而增加。事实上，货币工资的上涨并不能提高实际工资：货币工资上涨导致的公司生产成本的上涨，只会以较高的价格“转嫁”出去。

然而，这立即引出了一个尖锐的问题：工资交易是用货币来计算的，如果货币工资上涨——这是成功的工会行动可以强制执行的，不增加实际工资，那么如何解释资本主义制度下所有反对工会的声音呢？这个问题曾是阿肖克·米特拉（Ashok Mitra, 1980）批判卡莱基的著作《工资在国民收入中的比重》（*The Share of Wages in National Income*）的核心，至今仍困扰着经济学家们，他们反对资本主义制度下的劳动力市场“消失”的观点。

卡莱基自始至终被这个问题困扰着。他不断试图使他的有效需求理论与他的观点协调起来，认为工会可以通过增加货币工资来提高实际工资，从而提高工资份额，毕竟，没有这些，它们就没有存在的理由。他最后的一篇文章《阶级斗争和收入分配》（*Class Struggle and the Distribution of Income*，Kalecki, 1971）正是专门讨论这个问题的。他的结论是：货币工资的增加有时会降低平均“增长额”，然而增加一些工资未必不公平，其运作方式尚不清楚。

这个基本问题是由以下这个事实引起的：如果货币不是商品货币而是法定货币或信用货币，以流通为目的的货币供应能够增加（或者说在“内生”货币环境下其总体供应可以增加），那么货币工资的上涨对货币价格的上涨就没有明显的限制。如果在卡莱基的理论（或凯恩斯主义）中把商品和货币二者联系起来，并为货币价格提供支撑，也就是货币工资率自身可变，那么就没有什么有效的措施可以阻止货币价格的变化。

马克思本人并非没有意识到工资率上涨会产生通货膨胀的可能性，因为货币是不能兑换为贵金属的。但是，他区分了两种类型的通货膨胀：一种是就货币商品而言的商品价格的通货膨胀；另一种不是就不可兑换货币（而非货币商品）而言的商品价格的通货膨胀。他将后者看作相对于商品货币而言不可兑换的纸币的贬值，这与非货币商品的商品货币价值贬值不同。前者可能是由于不可兑换纸币的过度供应而产生的，而后者可能只是因为货币商品的生产条件与非货币商品相比发生了变化，从而导致每个单位所体现的相对劳动量发生了变化。马克思以这种方式实现了否定货币主义与以下观点的和解，这个观点就是：纸币的过量供应可能导致这种货币在商品方面的价值贬值（即使所有货币商品和非货币商品的生产条件保持不变）。

然而，关键的一点是，对宏观经济学来说，劳动价值论的方法暂时忽视支撑成本（carrying costs）引起的微小变化，其可以表述如下："无论货币的概念是什么，货币工资的上升就货币的概念而言，必然会导致既定的产出利润率下降，实际工资因而上涨。"正是由于这个原因，资本主义制度下防止货币工资上涨的努力一直存在着；这种努力是通过维持"充分"失业而自发地发生的，或者如果这种自发性失败，国家再以不同的方式进行干预。于是，反对工会的胡言乱语就变得很容易解释：阻止货币工资上涨是因为这种上涨要么会导致既定的产出利润率下降，要么会在没有这种下降的情况下，通过通货膨胀威胁以货币形式持有的财富的价值。削弱工会就将整个问题扼杀在萌芽之中了。

当然，这并不意味着货币工资由于加班而增加必然会导致利润率的下降。到目前为止，我们忽视了劳动生产率的提高，很明显，只要货币工资随时间的增长不超过劳动生产率的增长，对于不变的资本产出比率来说利润率就没有理由降低（即如果马克思主义关于利润率下降趋势的理由不被认可）。但是，我一直在谈论的劳动价值论的方法，并没有根据资本主义经济随时间的变化来定义。它描述的不是资本主义经济的动力，而是它的宏观经济性质；也就是说，货币工资的上涨导致了既定产出下实际工资的增长，这并不是因为货币是一种财富持有形式，所以经济容易受到事前过度生产危机的影响，而是事实本就如此。

至少在最近，资本主义经济体一直以不可兑换的货币在维持运行。然而，前面所说的是，只要财富以这种货币的形式存在，“就不能与商品货币有任何区别，因为在这种货币的条件下，货币工资率的上升必然会提高实际工资率，从而降低特定的产出利润率”。正是由于这个原因，资本主义经济以这样一种方式运行——这种方式确保了既定产出利润率不低于资本家“可接受利润率”的临界值。这尤其要求至少常年维持一定规模的后备劳动力。

正如古德温（Goodwin, 1967）在他的“成长周期”中证明的那样，要永远维持一定规模的后备劳动力，可以通过系统运作来“自发地”实现；或者也可以通过与凯恩斯倡导的完全相反的国家干预来保证，即财政和货币政策导致了“适当的”失业水平。

国家干预既通过维持失业来运行，也通过削弱工会的力量来运行，因此，在任何既定的失业率水平上，工会为争得更高水平工资而议价的能力都会受到损害。这种直接打击工会的极端情况是法西斯主义，它获得了“充分就业”，却彻底打击了工会。

至此，我们已经假设所有的产品都是由劳动者借助生产工具在某种生产方式下生产的，这些生产方式和生产工具同样是由劳动者创造或生产的，等等。简而言之，我们假设没有“租赁物品”。很明显，如果有这样的“租赁物品”（稀缺的原材料，如石油等），那么即使是在特定的实际工资水平上，这种“租赁物品”价格的上涨，也或者会降低利润率，或者会通过引发通货膨胀而削弱货币的价值，进而破坏其保值作用。对于货币的保值作用来说，至关重要的是，资本主义内部不仅应该始终存在“适当”的失业水平，同时也不应允许稀缺原材料的价格上涨而损害货币的价值。因为如果后者再次发生，那么或者特定的产出利润率会下降，或者货币价值会因其保值作用削弱而贬值。稀缺原材料相对价格的稳定性，主要存在于资本主义部门之外（即使它们一开始就存在于资本主义部门内部，但很快这种内部供应就会枯竭，资本主义也会从外部寻求供应），并且通常是由资本主义国家（或者由主要的资本主义国家）通过政治控制来保证这些外部资源的。

因此，对于宏观经济学性质的劳动价值论方法来说，虽然它在理论上从来没有被承认过，但帝国主义的现象是固有的。概括地讲，它认为由于货币必然是资本主义制度下的财富持有形式，因此，货币工资的上涨或稀缺原材料的货币价格的上涨，一定会降低该制度下的既定产出利润率，以维持货币作为财富形式的作用。

参考文献

Dobb, M.H. (1973). *Theories of Value and Distribution Since Adam Smith.* Cambridge: Cambridge University Press.

Goodwin, R.M. (1967). The Growth Cycle. In C. H. Feinstein, ed., *Capitalism, Socialism and Economic Growth: Essays Presented to Maurice Dobb.* Cambridge: Cambridge University Press, 54–58.

Hahn, F. (1984). *Equilibrium and Macroeconomics.* Oxford: Oxford University Press.

Kalecki, M. (1971). Class Struggle and the Distribution of Income. In M.

Kalecki, Selected Essays on the Dynamics of the Capitalist Economy. Cambridge: Cambridge University Press, I–9.

Keynes, J.M. (1979). *The Collected Writings of J.M. Keynes*, Vol.VI. London: Macmillan.

Marx, K. (1971). *A Contribution to a Critique of Political Economy.* London: Lawrence and Wishart.

Mitra, A. (1980). *The Share of Wages in National Income.* Delhi: Oxford University Press.

Patnaik, P. (1997). *Accumulation and Stability Under Capitalism.* Oxford: Clarendon Press.

Patnaik, P. (2009). *The Value of Money.* New York: Columbia University Press.

Phillips, A.W. (1958). The Relation Between Unemployment and the Rate of Change of Money Wage Rates in the United Kingdom, 1861–1957. *Economica,* 25(4): 283–99.

Robinson, J. (1956). *The Accumulation of Capital.* London: Macmillan.

Sraffa, P. (1960). *Production of Commodities by Means of Commodities.* Cambridge: Cambridge University Press.

第 5 章

《资本论》和性别

西尔维娅·费德里西

因为人们重新燃起了对马克思主义和女性主义的兴趣，所以马克思关于“性别”的观点也重新受到了关注，女性主义者正在一些领域达成共识，这也促成了我本人关于这个主题的研究方法。[①] 首先，尽管在马克思的早期著作中就能找到对家庭和社会中的性别不平等和父权制的谴责，但是人们认为马克思“并没有太多关于性别和家庭的观点”（Brown, 2012: 143），甚至在《资本论》中，他关于这个主题的观点也必须从分散的阐述中进行重构。

马克思的著作对于女性主义理论的发展做出了巨大的贡献，尽管不是以他关于这个主题的直接论断为主要基础。不仅他的历史唯物主义方法有助于表明被建构的性别等级和性别认同的特征（Holmstrom, 2002: 360–376），他对于资本主义积累和价值创造的分析也为我们这一代女性主义者带来了有力的工具，可以用于重新思

① 对马克思的性别理论重新感兴趣的表现，包括最近出版的希瑟·A. 布朗（Heather A. Brown）的《马克思关于性别和家庭》（*Marx on Gender and the Family*, 2012）以及沙哈扎德·莫扎比（Shahrzad Mojabed）的《马克思主义和女性主义》（*Marxism and Feminism*, 2015），伴随着后一本书出版的就是同一年卢森堡基金会（Rosa Luxemburg Foundation）在柏林组织的关于这个主题的论坛。

考女性在资本主义社会和“性、种族和阶级”关系中被剥削的具体形式。但是，女性主义者利用马克思充其量只是使自己走向了与马克思所经历的不同的方向。

在《资本论》中阐述性别，意味着两种不同的马克思和关于性别与阶级斗争的两种不同的观点达成了一致。因此，本章随之分成两部分。在第一部分，我考察了马克思在《资本论》第 1 卷中分析女性在工业劳动领域的就业时阐述的性别观点。我也评论了他的沉默，特别是关于家务劳动的沉默，因为它们清晰地表明了他的思想结构在其写作时代的关注点。我们在这里的主要观点是马克思没有在理论上分析性别问题，部分是因为“妇女解放”（women’s emancipation）在他的政治研究中处于外围地位；另外，他将家务劳动自然化，并且像欧洲总体社会主义运动一样，将工业劳动理想化为社会生产的常见形式和社会不平等的潜在矫正者。所以，他相信基于性别和年龄的区分将会消散，并且他没有看到我们的生命和劳动力被再生产出来的活动领域与社会关系的重要性，这些开始于性、生殖以及首要的女性的不付酬家务劳动。

这些对女性生育劳动的重要性的“忽略”（oversights）意味着尽管马克思谴责父权制关系，但是他留给我们的关于资本和阶级的分析是从（工作中的）男性观点出发来进行的，他们是工业中领取工资的工人，第一国际就是以他们的名义成立的，他们被认为是人类普遍解放的理想的承担者。这进一步意味着许多马克思主义者觉得将性别（以及种族）看作文化上的事物，将它们从阶级中脱离出来是合理的，并且意味着女性主义运动必须从批判马克思开始。

所以，本章关注马克思的主要文本对性别的阐述。在第二部分中，我简要重温了女性主义者在 20 世纪 70 年代对于马克思的范畴的重构，特别是我也参与其中的家务劳动有偿化（Wages for Housework）运动。我认为，信奉家务劳动有偿化的女性主义者在马克思那里找到了以妇女反对不付酬家务劳动为核心的女性主义理论的基础，因为我们从政治上解读他对资本主义的分析，这源于直接的个人经验，旨在寻找我们拒绝家庭关系的答案。然后，我们将阐述马克思的著作中仍然掩盖着的理论；同时，从政治上解读马克思，表明他的理论框架的局限性，表明尽管女性主义者的反资本主义观点不可能忽视马克思的著作，但至少只要资本主义仍然是主导的生产方式（Gimenez, 2005: 11–12），前者就必须超越后者。

马克思和工业工厂中的性别

马克思理论的局限性最突出地体现在《资本论》第 1 卷里，因为马克思正是在这部分著作中才第一次不是从资产阶级家庭中的妇女受压迫的关系，而是从妇女在工业革命的工厂中的条件说起，考察了“性别”问题。这是那个时代英吉利海峡两岸的“妇女问题”（Scott, 1988: 139–160），因为经济学家、政客和慈善家大声疾呼反对它所引起的对家庭生活的破坏、它给女性带来的新的独立性以及它所推动的工人的抗议（这体现在工会和宪章运动的兴起）。因此，当马克思开始他的写作时，改革正在进行，他可以查阅关于这个主题的大量文献，主要包括工厂检察员的报告，而英国政府到 19 世纪 40 年代正在利用这些报告确保限制妇女和小孩的可观察工作时间。

《资本论》第 1 卷引用了这些报告的一些内容，特别是在“工作日”和“机器和大工业”的一些章节中，用来阐明工业发展的每一个阶段资本主义生产的结构性趋势（将工作日延伸到工人生理上所能忍受的极限、使劳动力价值贬值、从最少数量的工人中榨取最大量的劳动力的趋势），声讨妇女和儿童受到的令人吃惊的剥削。

我们从这些报告中了解到女裁缝死于过度劳动、空气不足与食物匮乏[①]；年轻的女孩没有饭吃，死于工作，她们一天工作 14 个小时，或者半裸着身体在矿井中爬行从而把煤运到地面上；孩子半夜里被从床上拉起来，“被迫仅仅为了生存而工作”，受到吸血鬼一样的机器的掠夺，他们的生命被消耗着，“只要还有一块肉、一根筋、一滴血可供榨取”[②]。

很少有政治学研究者像马克思已经做到的那样，毫不掩饰地描述资本主义劳动的残酷性（除奴隶制之外），他应该为此受到赞扬。令人印象特别深刻的是他谴责对童工的野蛮剥削，这在马克思主义文献中是无与伦比的。尽管这些文献雄辩地指出了这些问题，但是，其中的阐述一般性描述多于分析，缺乏对性别问题的讨论是其存在的突出问题。

例如，我们并没有被告知妇女和小孩在工厂中就业如何影响工人斗争，它在工人组织中推动了什么样的争论，或者它如何影响女性与男性的关系；相反，各种道德评论都是关于工厂劳动通过促进“滥交”行为而降低了女性的“道德品质”（moral character），并且使她们忽视了自身的母性义务。妇女几乎从未被描述为能够进行独立斗争的行为者。她们在大多数情况下呈现为牺牲品，尽管当代马克思主义者注意到了她们的独立性、她们的抗议行为以及她们

① 马克思，恩格斯. 马克思恩格斯文集：第 5 卷. 北京：人民出版社，2009：295.
② 同 ①349.

对工厂所有者企图改变她们的方式的反对，以此来捍卫自己的利益（Seccombe, 1993: 121）。

资本主义关系的扩张导致家务劳动在无产阶级社会里几乎绝迹，马克思关于工厂中性别的阐述忽视了对这一危机的分析，也没有分析资本面临的关于妇女劳动力的最佳场所和使用的困境——那个时候像现在一样。这种忽略特别明显，因为我提到的一些章节是性别问题唯一出现的地方。

性别问题在《资本论》中处于边缘化地位。在《资本论》这本共三卷、几千页的著作中，我们发现只有大约一百页提到了家庭、性别和妇女的工作，它们常常是通过观察提出的。甚至在最被期望提到性别的地方，如关于劳动的社会分工或工资的章节，也并没有提到性别。只是在关于“机器和大工业”那一章[①]的结尾，我们才找到了马克思在他的政治著作中主张的性别政治的线索。作为第一国际的书记，他反对工厂不招收女工的企图。这些与他一生中的看法是一致的——尽管资本主义充满暴力和残酷，但它是一种必要的罪恶，甚至是一种进步的力量，因为“通过发展社会生产力，去创造生产的物质条件；而只有这样的条件，才能为一个更高级的、以每一个个人的全面而自由的发展为基本原则的社会形式建立现实基础”[②]。

具体到性别上，这意味着通过将劳动力从专业化和需要体力（physical strength）的约束中“解放”出来，通过推动妇女和小孩进入社会生产，资本主义发展和工业化特别为性别平等开辟了道

① 该章为“机器和大工业”，参见：马克思，恩格斯. 马克思恩格斯文集：第 5 卷. 北京：人民出版社，2009：427–580.

② 马克思，恩格斯. 马克思恩格斯文集：第 5 卷. 北京：人民出版社，2009：683.

路，因为它一方面将妇女和小孩从个人依附和家长制对他们的劳动的剥削中解放了出来——以家庭工业为标志，另一方面使他们在平等的基础上与男性一起参加到社会生产中。

正如马克思所指出的，当讨论对工厂中的童工进行初级教育时：

> 不论旧家庭制度在资本主义制度内部的解体表现得多么可怕和可厌，但是由于大工业使妇女、男女儿童和少年在家庭范围以外，在社会地组织起来的生产过程中起着决定性的作用，它也就为家庭和两性关系的更高级的形式创造了新的经济基础。[①]

这种新的家庭看起来像什么，它如何与“生产和再生产”协调起来，并不是马克思调查的内容。他只是谨慎地补充道：“这些形式依次构成了一个历史的发展序列。同样很明白，由各种年龄的男女个人组成的结合劳动人员这一事实，尽管在其自发的、野蛮的、资本主义的形式中，也就是在工人为生产过程而存在，不是生产过程为工人而存在的那种形式中，是造成毁灭和奴役的祸根，但在适当的条件下，必然会反过来转变成人道的发展的源泉。”[②]

尽管没有明确阐述，但马克思的大工业替代家庭将会创造出更加人道的社会这一假定的关键点无疑表明了以下思想（他的《资本论》中有许多部分都回到了这种思想），即工业生产大于生产力的乘数，并且是社会富裕的（假定的）保证。它是潜在的、不同类型的合作社会和不同类型的人的创造者，将人从个人依附中解放出

①② 马克思，恩格斯. 马克思恩格斯文集：第 5 卷. 北京：人民出版社，2009：563.

来，并且不“固定”在任何一套特定的技能上，所以能够从事广泛的活动和劳动过程的“理性”（rational）组织所要求的一般类型的行为。

马克思将共产主义理解为劳动分工的终结，他在《德意志意识形态》中对于社会的看法就是上午打猎捕鱼、下午写诗[①]，这完全符合他的工业的、合作的、平等的社会思想。在这里（马克思和恩格斯在《共产党宣言》中阐释了一个有启发性的论断[②]），性别差异在无产阶级中失去了所有“社会意义”，这可能是有诱惑力的，无疑鼓舞了几代社会主义活动家，包括女性主义者在内。

但是，正如女性主义在 20 世纪 70 年代发现的，这个观点有一些重要缺陷。值得注意的有四个方面，所有这些方面都超出了性别内涵，与马克思将工业化和资本主义发展看作人类解放的力量和条件相关。通过赞扬现代工业将妇女从家务劳动的束缚和父权制统治中解放出来，赞扬现代工业使她们参与社会生产成为可能，马克思做出了如下假定：（1）妇女从前从来没有参加过社会生产，也就是说生育劳动不应该被看作社会必要劳动；（2）在过去限制她们参与

① 马克思和恩格斯在《德意志意识形态》中提出：“原来，当分工一出现之后，任何人都有自己一定的特殊的活动范围，这个范围是强加于他的，他不能超出这个范围：他是一个猎人、渔夫或牧人，或者是一个批判的批判者，只要他不想失去生活资料，他就始终应该是这样的人。而在共产主义社会里，任何人都没有特殊的活动范围，而是都可以在任何部门内发展，社会调节着整个生产，因而使我有可能随自己的兴趣今天干这事，明天干那事，上午打猎，下午捕鱼，傍晚从事畜牧，晚饭后从事批判，这样就不会使我老是一个猎人、渔夫、牧人或批判者。”（马克思恩格斯文集：第 1 卷. 北京：人民出版社，2009：537）

② 马克思和恩格斯在《共产党宣言》中指出：“对工人阶级来说，性别和年龄的差别再没有什么社会意义了。”（马克思恩格斯文集：第 2 卷. 北京：人民出版社，2009：38）

劳动的是缺乏足够的体力；（3）性别平等的核心在于技术上的飞跃；（4）最重要的，预想马克思主义者会一代代重复的论断，即工厂劳动是社会生产的典型形式，因此工厂而非社会成了反资本主义斗争的场所。必须基于所有这些理由提出问题。

我们要快速反驳这种关于"体力"的论断，即将其看作对以性别为基础的歧视的解释。我们有理由说马克思对于女性和小孩的工业就业条件的描述是与这种论断相反的，他引用的工厂报告清楚地表明女性参与工业工作不是因为自动化减轻了她们的劳动负担①，而是因为她们得到的报酬低，她们被认为更容易驯服和更容易将精力放在工作上。我们应该抛弃这种思想，即妇女局限在家务劳动上是在工业化来临之前。这是因为，将妇女解放出来的家庭工业只雇用很少一部分无产阶级女性，它本身是工匠行会（the artisan guilds）倒台之后出现的新生事物（Henninger, 2014: 296–297）。实际上，在工业革命之前或在此期间，女性从事着不同的工作，包括农业劳动、贸易、家庭服务和家务劳动。所以，正如博克（Bock）和杜登（Duden）已经阐述的，马克思和其他社会主义者认同的这种思想，即"随着资本主义的发展，它使越来越多的女性参与工业（生产性）劳动，将她们从旧时代封建的家务劳动和男性的监管中解放和即将解放出来"，这些并没有历史基础（Bock and Duden 1980: 157）。

马克思在将大工业理解为社会学和生物学上区别的平衡者时，也只轻描淡写地阐述了女性继承下来的和重构过的性别等级的重要性，它们确保了女性以不同于男性的特殊方式参与工厂劳动。他注

① 马克思，恩格斯. 马克思恩格斯文集：第 5 卷. 北京：人民出版社，2009：511–512.

意到性别假定继续在工业劳动中盛行，例如，它被用来证明女性的工资低于男性的工资是合理的，并且他注意到导致“滥交”的工作条件可能意味着女性易于受到性虐待，常常会导致女性在非常小的年龄怀孕。[①]但是，正如我们从上面看到的，他假定当工人掌握政权和重新将工业的目标调整为给他们带来富裕的生活时，这些虐待就会消失。但是，在两个世纪的工业化之后，我们看到，尽管资本主义还没有终结，但是工厂中的平等不管在什么地方都已经实现或接近实现，这都是妇女斗争的结果，而不是机器的馈赠。

更关键的是，马克思将工业劳动看作工作的普遍形式，以及社会生产的优先之地，并没有过多考察家庭的生育活动，正如福尔图纳蒂（Fortunati, 1997）已经指出的，马克思只是提到注意资本通过占用妇女的所有时间而剥削她们。[②]这与阿尔弗雷德·马歇尔（Alfred Marshall）这位新古典经济学创立者的著作中提到的工厂—家庭关系的方法形成了有趣的对比。马克思将工业劳动看作更理性的工作类型，这使人想起了马歇尔的“总体工作能力”，马歇尔将这种能力描述为世界上很少有工人（在当时）拥有的一种新能力：“不是任何一个职业所特有的”，但却是“所有行业都需要的，能够使工人在长期坚持任何一种工作”，“时常在心里记住许多事情……很快适应所从事工作细节的变化，是稳定的，又是值得信任的”（Marshall, 1938: 206–207）。

但是，马歇尔与当代改良主义者一致相信产生这种“总体能力”

① 马克思，恩格斯. 马克思恩格斯文集：第 5 卷. 北京：人民出版社，2009：800–801.

② 福尔图纳蒂（1997: 169）补充道，马克思看到了女性的生育劳动，是“通过解读政府的报告，意识到（工厂劳动）对于家务劳动的篡夺的问题”。

的首要贡献者是家庭生活，特别是母亲的影响（Marshall, 1938: 207），他强烈反对妇女在家庭外就业。相反，马克思基本上不关注家务劳动。家务劳动并没有出现在他关于社会劳动分工的分析中，他在这里只阐述了家庭的劳动分工是以生理为基础的。[①]甚至更明显的是，他在“简单再生产”[②]那一章里分析劳动力再生产时，并未提及女性的家务劳动。

这里，马克思转到对理解资本主义价值创造过程至关重要的主题上。这就是：我们工作的能力，即劳动力并不是既定的。劳动力在劳动过程中消费，它必须不断地再生产出来，这种（再）生产“正像擦洗机器”一样是资本创造价值的关键，因为“这种消费是资本家最不可少的生产资料即工人本身的生产和再生产”[③]。

换言之，像他后来出版的《剩余价值理论》（*Theories of Surplus Value*）[④]一样，马克思在《资本论》中也表明工人的再生产是资本积累的关键组成部分和条件。[⑤]但是，他只在“消费”方面设想工人的再生产，并仅仅把它的实现置于商品生产的循环领域。马克思设

① “在家庭内部……由于性别和年龄的差别，也就是在纯生理的基础上产生了一种自然的分工。”（马克思，恩格斯. 马克思恩格斯文集：第 5 卷. 北京：人民出版社，2009：407）

② 马克思，恩格斯. 马克思恩格斯文集：第 5 卷. 北京：人民出版社，2009：653–667.

③ 同 ②，660.

④ 《剩余价值理论》在《马克思恩格斯全集》中文第 2 版中的安排与中文第 1 版略有不同：中文第 2 版将《剩余价值理论》置于《1861–1863 年经济学手稿》之中，包括《马克思恩格斯全集》第 32 卷（人民出版社，1998 年版）、《马克思恩格斯全集》第 33 卷（人民出版社，2004 年版）。

⑤ 劳动力的再生产实际上是资本本身再生产的一个因素。因此，资本的积累就是无产阶级的增加。

想，工人运用工资购买生活必需品，通过消费这些必需品再生产自己。表面上，工人的再生产就是通过工薪工人（waged worker）生产的商品，来生产工薪工人。所以，“劳动力的价值，就是维持劳动力占有者所必要的生活资料的价值”①，它是由工人消费的商品所必需的生产劳动时间决定的。②

马克思在《资本论》中没有认为劳动力再生产势必会造成女性的不付酬家务劳动——准备食物、洗衣服、抚育孩子和发生性关系。相反，他坚持将拿工资的工人看作自我再生产。甚至，他在考察工人必须要满足的需要时，将工人看作自给自足的商品购买者，列出工人生存所需要的食物、住房、衣服，但是没有提到性关系，不管这些是家庭提供的还是购买的，都展现了一种完美的男性工人生活，工业劳动在道德上污损的只有女性。③所以，卖淫是被工人否定的行为，成为女性堕落的例子，被描述为属于“相对过剩人口的最底层陷于需要救济的赤贫的境地”的“流氓无产阶级”④——在《路易·波拿巴的雾月十八日》中，它被看作“从所有各个阶级中淘汰出来的”“流氓无产阶级”⑤。

马克思也在某些地方接近于打破这种沉默，隐约地承认工薪工人的“消费”从他的女性伴侣的观点看可能就是再生产劳动

---

① 马克思，恩格斯. 马克思恩格斯文集：第 5 卷. 北京：人民出版社，2009：199.

② 同任何其他商品的价值一样，劳动力的价值也是由生产继而再生产这种独特物品所必要的劳动时间决定的。

③ 马克思，恩格斯. 马克思恩格斯文集：第 5 卷. 北京：人民出版社，2009：200.

④ 同 ③，741.

⑤ 马克思，恩格斯. 马克思恩格斯文集：第 2 卷. 北京：人民出版社，2009：523.

(reproductive work)[①]。马克思在“机器和大工业”那一章的一个注释里写道“从这里可以看到，资本为了自行增殖，是如何掠夺那种消费所必需的家务劳动的”[②]，并且补充道：

> 因为某些家务事，如照料婴儿和喂奶等，母亲不能完全不管，所以，为资本服务的母亲必须找到替代品。家庭消费所必需的劳动，如缝缝补补等，必须由购买现成商品来代替。因此，家务劳动消耗的减少相应地就增加了货币的支出。因而，工人家庭的生产费用增加了，并且抵消了收入的增加。此外，节省地合理利用和配置生活资料也不可能了。[③]

但是，关于这种家务劳动“不可能完全被阻止”，必须由可购买的商品来替代的说法，我们没有更多可说的。同时，我们还有这样一个问题：假如工人阶级通过工人斗争得到了更高的工资，那生活成本的增加只是针对工人呢，还是对资本家也是如此？

马克思在提到劳动力再生产时，根本没有提到女性对它的贡献，并且排除了自主决定再生产的可能性，而是将它看作“人口的自然增长”，认为“资本家可以放心地让工人维持自己和繁殖后代的本能去实现这个条件”[④]——这与之前的看法，即女性工厂工人忽视自身的母亲义务实际上等于溺婴的看法相矛盾。他也暗示资本主义稳定地通过它的技术革命产生“剩余人口”，而不依赖于女性为

---

① 西方学者理解马克思的社会再生产理论时有两种看法：一种是《资本论》第2卷中阐述的社会再生产理论，另一种是劳动力的再生产。一些女性主义者更多地指的是后一种看法。

② 马克思，恩格斯. 马克思恩格斯文集：第5卷. 北京：人民出版社，2009：454.

③ 同②，455.

④ 同②，660.

它的自我扩张提供再生产能力。

我试图解释马克思对于再生产这种普遍存在的劳动视而不见，他对于自己家庭的日常看法已经体现了这一点。同时，我已经在自己前些年的论文中强调它在马克思写作时代的无产阶级家庭中几乎不存在，因为所有家庭成员从日出到日落都在工厂中受雇用工作（Federici, 2012: 94）。马克思本人带来了这种结论，他引用英国政府派去评估工业区的健康状态的医生的判断，注意到美国内战引起的棉花加工厂的关门，至少有一个有利的效果，即妇女现在“有必要的空闲时间来给自己的孩子喂奶，而不必用戈弗雷强心剂（一种鸦片剂）去毒害他们了。她们有时间学习烹饪了。不幸的是，她们是在没有什么东西可吃的时候，学到这种烹饪的……这一危机还被用来在专门学校里教工人的女儿学缝纫”[①]。他得出结论认为：美国革命和普遍危机是必需的，目标是女工为整个世界纺纱，还可能学会缝纫！

但是，马克思所记载的工人再生产所必需的时间和资源的不均衡下降，并不是一个普遍条件。工厂工人只占女性工作人口的 20% ~ 30%。在她们中间，许多女性一旦有了孩子，就会放弃工厂工作。另外，正如我们已经看到的，工作劳动与妇女的“再生产义务”之间的冲突是马克思那个时代的主要问题，正如他引用的工厂报告和它们所引起的改革所表明的。那么，为什么会产生这种体制性排斥呢？为什么马克思没有认识到议会推动减少妇女和小孩的工厂劳动蕴含着新的阶级战略，从而改变阶级斗争的路径呢？

部分答案无疑是马克思像古典政治经济学家一样，不是将家务

① 马克思，恩格斯. 马克思恩格斯文集：第 5 卷，北京：人民出版社，2009：454.

劳动看作一种由具体的社会历史决定的劳动，而是看作一种自然力量和女性职业，也是巨大的“食物储藏室”（他认为对我们来说就是地球）的产物之一。例如，当他评论说过度工作和疲劳导致“母亲还违反天性地虐待自己的子女”[①]时，他提到的母性形象与自然的性别概念是一致的。在资本主义发展的第一阶段，对于资本主义生产而言，（根据他的表述）女性的再生产劳动只是“形式上的从属”[②]，即它还没有进行旨在适应劳动市场需要的重新建构，而这可能有助于它重新建构。但是，像马克思这样的具有历史情怀和有影响力的理论家，应该认识到尽管家务劳动呈现为旧时代的活动，纯粹满足“自然需要”（natural needs），但是它的形式实际上是一种劳动的具体的历史形式，是生产与再生产、付酬劳动与不付酬劳动之间区分的产物，从未存在于前资本主义社会或一种由交换价值规律支配的普遍的社会中。他已经提醒我们不要将工资关系神秘化，应该看到资本主义从一开始就已经以女性不付酬劳动的形式将再生产活动置于劳动力生产之下，并且资本家因此从工人身上榨取的不付酬劳动比在付酬的工作日里榨取的更显著，因为它包括女性的不付酬家务劳动，尽管被降到了最低限度。

马克思对于家务劳动视而不见是不是如以前所表明的，因为他“并没有看到能够改变家务劳动的革命性的社会力量”？如果我们

① 马克思，恩格斯. 马克思恩格斯文集：第 5 卷，北京：人民出版社，2009：458.

② 马克思运用“形式上的”从属（与“实际上的”从属相对）来描述在资本积累第一阶段，占有劳动在“它发现它”时，“尽管出现了这一切，劳动过程即实际生产过程的实际方法与方式却绝不会一开始就随着这种变化而发生本质的变化”（马克思，恩格斯. 马克思恩格斯文集：第 8 卷，北京：人民出版社，2009：501.）；相反，当资本形成达到自身目标的劳动 / 生产过程时，我们才见到“实际上的从属”。

“从政治上解读马克思”（Cleaver, 2000），考虑到他的理论常常关注理论组织上的含义和可能性（Negri, 1991: 182），那么这就是一个合理的问题。它有可能使马克思在家务劳动问题上受到保护，因为他担心关注家务劳动可能被工人组织和资产阶级改良者利用，这些人颂扬家务劳动，从而将女性排除在工厂劳动之外。[①]但是，在 19 世纪 50 年代和 60 年代，家务劳动和家庭在几十年里成为社会主义者、无政府主义者和不断兴起的女性主义运动热烈讨论的核心话题，家庭和家务劳动的改革也正同时进行着（Scott, 1988; Hayden, 1985）。

我们必然得出如下结论：马克思不关心家务劳动，是具有更深层的根源的；与工业劳动相比，家务劳动呈现出自然化和贬值的特点，同时作为一种古老的形式在工业化进步中被逐渐取代。尽管可能如此，但马克思在理论上不重视家务劳动的结果是他在阐述资本主义剥削以及他对共产主义的理解时忽视了地球上最大的活动，忽视了工人阶级内部分化的主要基础。

与家务劳动并列的是种族在马克思著作中的地位。尽管他承认“在黑人的劳动打上屈辱烙印的地方，白人的劳动也不能得到解放”[②]，但是他并没有在他的分析中大量阐述奴隶劳动和运用种族主义来加强剥削以及使剥削自然化。所以，他不可能挑战支配着社会主义运动的如下幻想：白人男性工薪工人的利益代表着整个工人阶级的利益——在 20 世纪这种神秘化导致反殖民的斗争者得出这样的结论，即马克思与他们的斗争无关。

① 正如沃利·塞科姆（Wally Seccombe）等所记载的，在工会中间，要求更高的工人工资与工人的妻子可以回归到她们正当的角色的看法之间常常存在冲突（1993：114–119）。

② 马克思，恩格斯. 马克思恩格斯文集：第 5 卷. 北京：人民出版社，2009：348.

马克思并没有预想到他着力描述的残酷的剥削形式不久将成为过去，至少在欧洲大部分国家会是如此。资本家由于受到阶级斗争和劳动力可能消失的威胁，与一些工人组织联合起来，开始运用新的战略，加大了在劳动力再生产和男性工人工资上的投资，而让女性回家做更多的家务劳动，以此改变了阶级斗争的进展。

尽管马克思注意到了资本主义体制内生命的巨大浪费，相信工厂改革运动并不会使其在人道主义上前进一步，但是他并没有认识到“保护法”（protective legislation）中最关键的远远不是改革工厂劳动。减少妇女的劳动时间是通向使无产阶级妇女重新回归家庭的新阶级战略的路径，这带来的不是物质商品，而是工人。

通过这一行动，资本能够排除工人阶级反抗的威胁，培养一种新型工人：强壮、更加遵守纪律、适应性更强、更容易把体制的目标变为自己的目标。事实上，这种类型的工人将资本主义生产的需求看作“理所当然的自然规律”[①]。这样的工人能够帮助世纪之末的英国和美国资本主义实现从轻工业向重工业、从纺织业向钢铁业、从以延长工作日为基础的剥削向强化剥削为基础的技术和社会转变。这就是说，工人阶级家庭和全职无产阶级家庭主妇的出现成为从绝对剩余向相对剩余转变的关键和条件。在这个过程中，家庭劳动本身经过了一个“真正的包容”（real subsumption）过程，第一次成为具体国家倡导的目标，将它与劳动市场和资本主义劳动纪律的需要紧密绑定。

恰逢英帝国扩张的全盛时期（给这个国家带来了巨额财富，支撑着工人的工资报酬），这种创新不可能仅仅使人们相信工人力量

① 马克思，恩格斯. 马克思恩格斯文集：第 5 卷. 北京：人民出版社，2009：846.

的平静化。但是，它是一个标志性事件，开启了后来在福特主义（Fordism）和罗斯福新政（the New Deal）时期达到高潮的战略，彼时资本家阶级投资于工人的再生产，目的是拥有更有纪律的、生产率更高的劳动力量。这是持续到20世纪70年代的“政策”，当时女性主义运动和女性斗争的兴起终结了这项政策。

女性主义、马克思主义和“再生产”问题

尽管马克思支持通过参与社会生产（大多数人将其理解为工业劳动）来实现“女性解放”（women’s emancipation），这激励了几代社会主义者，但是抗拒家务劳动、反对经济上对男性的依附的女性主义者在转向马克思的著作，寻求能够以阶级观点解释女性受压迫根源的过程中，却在20世纪70年代发现了不同的马克思。结果是，理论上的革命，不仅改变了马克思主义，也改变了女性主义。

玛利亚罗莎·达拉·科斯特（Mariarosa Dalla Costa）对家务劳动作为劳动力生产的关键因素进行了分析（Dalla Costa, 1975: 31）；塞尔玛·詹姆斯（Selma James）将家庭主妇看作资本积累过程的核心的“世界无工资者”联合体（James, 1975），雇佣关系运动的其他参与者将其重新定义为整个剥削领域自然化的工具，在无产阶级内部建立新的等级——所有这些理论发展和它们引起的讨论经常被描述为“家庭争论”（household debate），设想的核心问题是家庭劳动是不是生产性的。但是，这是一种严重的歪曲。实现女性在家庭中的不付酬劳动的核心是工厂生产，这重新界定的不是家务劳动，而是资本主义的本质和反对它的斗争。

马克思讨论“简单再生产”是对这一过程的理论阐述，这并不

奇怪，也确认了我们的怀疑，即资产阶级如果没有看到剥削家务劳动的可能性，就不会允许大量家务劳动存在。在马克思的论述中，我们发现再生产劳动力的活动是资本主义积累的关键，这导致了我们在阶级层面的批判。它表明，这种常常受到社会主义者鄙视、认为理所当然和被抛弃的东西，实际上是资本主义工作组织的支柱。这解决了性别与阶级关系中的争论不休的问题，不仅为我们理解家庭的功能提供了工具，也为我们理解资本主义社会根源上阶级对立的深度提供了工具。

实际上，这确认了我们作为女性，并不一定要在工厂中加入男性，成为工人阶级的一部分，进行反对资本主义的斗争。我们可以自主地进行斗争，从我们自身在家庭中的工作，即作为劳动力生产的“神经中枢”开始（Fortunati, 1997: 125）。并且，我们进行的斗争首先是反对我们家庭中的男性，因为通过男性的工资、婚姻和爱的意识形态，资本主义授权男性来支配我们的不付酬劳动，掌控我们的时间和空间。讽刺的是，我们是如此来面对和利用马克思的劳动力再生产理论的：一方面承认马克思对于女性主义的重要性，另一方面又认为它使我们确信我们必须颠覆马克思，从他排除在自己著作之外的“社会工厂”的部分开始进行我们的分析和斗争。

发现再生产劳动在资本积累中的核心地位也提出了这样一个问题，即如果不是从工薪无产阶级（waged proletariat）的形成的观点来看，而是从劳动力产生的日常的和一般的厨房与卧室的角度来看，资本主义发展的历史将会是什么。需要从性别角度看待资本主义历史——超出“女性的历史”或工资劳动的历史，这个论述导致我（包括其他学者）反思了马克思对于原始积累的论述，并发现了

16 世纪和 17 世纪的遭遇成为女性劳动贬值和具体资本主义劳动的性别分化的初始阶段（Federici, 2004: 92–102）。同时，与马克思的预想相反，原始积累已经成为一个永久的过程，这种认识也对马克思关于资本主义和共产主义必然关系的理解提出质疑。它证明马克思的静态历史观，即资本主义是我们通往自由世界和工业化道路上的炼狱，是站不住脚的。

生态女性主义将马克思低估女性和再生产的分析与他的人类历史使命就是支配自然的观点结合起来，它的兴起强化了我们的立场。尤其重要的是玛丽亚·米斯（Maria Mies）和阿尔·萨勒（Ariel Salleh）的著作，它们表明马克思对于再生产活动的抹杀并不是偶然因素，而是一个系统的工作，这与他赋予《资本论》的任务相契合。正如萨勒所指出的，在马克思看来，男性无论建立任何东西，技术都有更高的价值：历史开始于第一生产活动，人类通过劳动实现自我，测量自我实现的尺度是他们能够支配自然和使它适应人的需要，所有积极的转化活动都是通过男性角度来思考的，劳动被描述为父亲，自然被描述为母亲（Salleh, 1997: 72–76），地球也被看作一个母性——马克思所称的地球女士（Madame la Terre），与资本先生相对。生态女性主义者已经表明，排斥家务劳动、贬低自然的价值与对人类的工业和技术产物的理想化之间有着密切的联系。

这里不是要反映这种人类中心主义观点的根源。可以说，马克思和几代马克思主义的社会主义者对工业化的解放作用的严重误判在当前表现得特别明显。当今没有人敢像奥古斯特·倍倍尔（August Bebel）在《社会主义下的妇女》（*Woman Under Socialism*, 1903）中想象的那样，有那么一天，食物都是化学生产出来的，每个人都随身携带一个装满化学品的小盒子，以便随时随地为自己提供食物蛋白、脂肪和碳水化合物。因为工业化正在侵蚀着地球，为资本主义发展服务的科学家正在琢磨在女性的身体之外孕育生命，所以将我们所有的再生产活动工业化是一场比我们正在经历的农业工业化更糟糕的噩梦。

在激进的学术圈，我们已经在见证一场“范式转换”（paradigm shift），这不足为奇。那些在机器中找到“历史前进”（historical progress）推动力的希望正在被重新关注这个问题的政治研究、我们生命的再生产的价值和关系以及我们生活的生态系统中的生命所替代。我们被告知，马克思在他生命的最后几年里，重新考虑了自己的历史观点，并且阅读了关于美洲东北部平等的母系社会的文献，开始反思他将资本主义工业发展理想化的问题，并意识到了女性的力量。[①]

不过，马克思和整个马克思主义传统已经推动的技术发展的创新观点，不是失去了它的吸引力，而是正在回归。电子技术发挥着如同马克思赋予自动化那样的解放作用，以至于再生产和抚育工作（被女性主义者称为转变和斗争的领域）有再次被忽视的危险。这就是为什么尽管马克思在他的著作中于性别理论着笔不多，并且在晚年改变了一些观点，但是讨论这一理论仍然是重要的。正如我在这一章里已经试图做到的那样。我们要强调他对这个问题是沉默而非忽视，但也表明他的理论和政治研究存在着不可克服的局限性，而我们的研究必须克服这些局限性。

---

① 关于这个问题，参见马克思的《人类学笔记》（*Ethnological Notebooks*），正如布朗在其著作的第 6、7 章（Brown, 2012）中讨论的。

参考文献

Bock, G.and Duden, B. (1980). Labor of Love-Love as Labor: On the Genesis of Housework in Capitalism. In E.H. Altback, ed., *From Feminism to Liberation*. Revised edition. Cambridge, MA: Schenkman Publishing Company, Inc., 153–192.

Brown, H.B. (2012). *Marx On Gender and the Family: A Critical Study*. Leiden–Boston: Brill. Historical Materialism Book Series, Vol.39.

Cleaver, H. (2000). *Reading Capital Politically.* Leeds: Anti/Theses.

Dalla Costa, M. (1975). Women and the Subversion of the Community. In M. Dalla Costa and S.James, *The Power of Women and the Subversion of the Community.* Bristol: Falling Wall Press.

Federici, S. (2004). *Caliban and the Witch: Women, the Body and Primitive Accumulation.* Brooklyn: Autonomedia.

Federici, S. (2012). Revolution at Point Zero: Housework, Reproduction and Feminist Struggle. Oakland: PM Press.

Fortunati, L. (1997). *The Arcane of Reproduction: Housework, Prostitution, Labor and Capital.* Brooklyn: Autonomedia.

Gimenez, M.E. (2005). Capitalism and the Oppression of Women: Marx Revisited. *Science and Society,* 69(I): 11–32.

Hayden, D. (1985). *The Grand Domestic Revolution.* Cambridge, MA: MIT Press.

Henninger, M. (2014). Poverty, Labour, Development: Toward a Critique of Marx's Conceptualizations. In M. Van der Linden and K.-H. Roth, eds., *Beyond Marx: Theorising the Global Labour Relations of the Twenty-First Century.* Leiden-Boston: Brill, 281–304.

Holmstrom, N. (2002). A Marxist Theory of Women's Nature. In N. Holmstrom, ed., *The Socialist Feminist Project: A Contemporary Reader in Theory and Politics*. New York: Monthly Review, 360–376.

James, S. (1975). *Sex, Race and Class.* Bristol: Falling Wall Press.

Marshall, A. (1938). *Principles of Economics: An Introductory Volume.* London: Macmillan.

Marx, K. (1968). T*he 18th Brumaire of Louis Bonaparte.* New York: International Publishers.

Marx, K. (1969). *Theories of Surplus Value, Part 1.* Moscow: Progress Publishers.

Marx, K. (1990). Capital, Volume1. London: Penguin.

Marx, K.and Engels, F. (1967). *The Communist Manfesto.* London: Penguin Classics.

Marx, K.and Engels, F. (1988). *The German Ideology.* New York: International Publishers.

Mojabed, S. (2015). *Marxism and Feminism.* London: Zed Books.

Negri, A. (1991). *Marx Beyond Marx: Lesson on the Grundrisse.* Brooklyn: Autonomedia.

Salleh, A. (1997). *Ecofeminism as Politics: Nature, Marx and the Postmodern.* London: Zed Books.

Scott, J.W. (1988). *Gender and the Politics of History.* New York: Columbia University Press.

Seccombe, W. (1993). *Weathering the Storm: Working-Class Families from the Industrial Revolution to the Fertility Decline.* London: Verso.

第 6 章

《资本论》和“运动规律”

彼得·戈斯和贾斯廷·保尔森

导言

整部《资本论》阐述了资本主义中的相互联系的“运动规律”，从价值规律和“商品的本质赋予的规律”开始，继而讨论一般规律、古典规律的修正、简单生产规律和只适合于整个体制的规律。它们中的许多规律直接来源于古典政治经济学，正如马克思承认的，是道德哲学的分支——常常首先决定哪些规律是“自然的”、哪些规律是“人类的”（Mill, 1848）。马克思则不同，他承认所有这些规律都源于“人类的”，但重要的是，这不会使它们更不可知，也不会使之更不“真实”。

马克思在整部《资本论》中反复引用并发展了社会经济“规律”，这导致几代支持者和诽谤者将他这一最“科学的”著作误解为经济决定主义。这种看法忘记了马克思是革命家，他的最终使命是实践，通过对我们世界的集体占有而实现人的能力的全面的、广泛和不受约束的发展（Margolis, 1989; 1992）。马克思批判政治经济学的还原论（reductionism）、宿命论（fatalism）和重复决定主义观点[①]；他不可能坚持经济主义（economism），他一生批判的正是经

① 马克思，恩格斯. 马克思恩格斯全集：第 33 卷. 北京：人民出版社，2004.

济主义。马克思在描述具体的社会经济条件时，有意识地引入了预测性规律、决定论和科学的理念。他运用这些术语意味着什么，它们如何与他著作中的反决定主义相融合，成了一个真正的解释学难题（hermeneutical problem）。本章认可这种挑战，我们认真考察了马克思在《资本论》中是如何实际运用规律的概念的，区分了他赋予规律的各种内涵，追溯了各个内涵的相互关系，以及它们如何推动实现了本书中的一些更大的论断。我们坚信对《资本论》进行反决定主义的解读不是通过简略地提及它的语言，而是要将马克思的分析放在以实践为基础的历史偶然性位置上。

从表面上看，马克思的决定主义难题（determinism problem）可能是一种不准确的表述。“科学”在 19 世纪的德国有更宽泛的系统考察的含义，而不只是现代英语赋予这个词的机械的、自然科学的原型的意义。类似地，马克思所说的“决定”常常具有黑格尔的具体化含义，是抽象范畴通过其概念—历史推行实现具体化。[①] 因此，它更接近于调解（mediation）的辩证法观念而不是任何偶然性的台球模式（billiard-ball model）。但是，“规律”在《资本论》中丰富的多义性向所有简单的界定提出了挑战。除了将它们的共同特征最合理地理解为“一种近似值，一种趋势，一种平均数”[②]，我们还区分了它不少于六种的含义：偶然的、讽刺的、逻辑的、历史的、现象学的和辩证的。探索它们的不同、立论的目的和相互关系，是本章的中心内容。

在 21 世纪初，当人文科学与自然科学相分离且名誉扫地的时

① 马克思，恩格斯. 马克思恩格斯全集：第 46 卷. 北京：人民出版社，2003：73–101.

② 马克思，恩格斯. 马克思恩格斯文集：第 10 卷. 北京：人民出版社，2009：693.

候，考察《资本论》中的社会经济规律的本质适逢其时。马克思和当前的生态社会主义、行动者网络理论、新唯物主义、政治本体论和批判性动物研究之间的关系，存在着一段相对稳定的时期。在这段时期里，据称基于因果解释的自然科学被认为与据称基于解释性理解的人文科学是分离的。狄尔泰（Dilthey, 1989）在马克思去世时有力地阐述了这种区分。除了实证主义不断企图使人文科学在方法论上遵循自然科学之外，这种区分在很大程度上贯穿着整个 20 世纪。这种区分的基础是存在本身（being-in-itself）与为自身而存在（being-for-itself）之间隐含着一种本体论的分裂，前者由古典现实主义设想界定，并容易受到外部偶然因素的影响，后者由自反性界定，并因此能够实践和自我决定。尽管马克思是于这些学科分裂的制度化之前进行的写作，但是他深刻地理解它开启的课题，甚至在《资本论》中认可了维柯（Vico, 1984）对于这些课题的开创性构想。[①]马克思自己的观点是，人文科学和自然科学注定要融合，但是只会在共产主义下融合，因为资本主义的内部对抗性和自然的工具化排除了二者任何实际上的协调。[②]

一方面，马克思批判了很久以前的自然科学的机械主义趋势。他在 1841 年的博士论文中比较了德谟克利特与伊壁鸠鲁的原子物理学。相比伊壁鸠鲁承认原子并不完全屈从于决定性的规律，它们在拥有自己的概念时可能自行改变，马克思的观点是极为引人注目的，因为它愿意通过守旧的黑格尔唯心主义将实践能力置于事物的原子层面上（Hegel, 1977; McCarthy, 1990: 21, 31）。然而，当马克思转向唯物主义时，他继续在本质上坚持人道主义倾向，反对决定

① 马克思，恩格斯. 马克思恩格斯文集：第 5 卷. 北京：人民出版社，2009：428.

② 马克思，恩格斯. 马克思恩格斯文集：第 1 卷. 北京：人民出版社，2009：193.

主义排斥自我行动的各种机械主义或被动的看法。[①]这种批判持续到了《资本论》。[②]

另一方面，马克思看到他那个时代的人文科学仍然深深地屈从于哲学，是推理的，倾向于唯心主义，并且在实践中被边缘化了。[③]实践作为人道主义理想渗透于马克思出生的“青年黑格尔”环境（Lobkowicz, 1967: ch. 13），但是马克思追随费尔巴哈（Feuerbach），感到有必要对它进行“实证的人道主义的和自然主义的批判”[④]。结果，他发现资本主义是对人类实践及其与自然的关系的不断异化破坏。如果实践的条件还不完全充分，仍然要求实现共产主义，那么马克思不可能赞同任何试图赋予人文科学自主地位的企图，从而将它们轻松地置于必要性问题之外。异化创造的空间可使规律呈现为实践必须超越的人类自我决定的真正限制，这些规律具有自然的、社会的或二者混合的特征。换言之，自由必须从具体的历史必然中赢得，并且不是通过本体论的律例，而是通过创造物质条件。[⑤]劳动是这个过程的关键；它不仅干预着自然和社会，而且具体体现了人的局限性和可能性。

在阶级社会中，法律的强迫和外在强制意识很容易适用于剥削、奴役、过度工作、贫困、孤立、依附和没有权力的关系。这些

① 马克思，恩格斯. 马克思恩格斯文集：第 1 卷. 北京：人民出版社，2009：326–338.

② 马克思，恩格斯. 马克思恩格斯文集：第 5 卷. 北京：人民出版社，2009：429.

③ 马克思，恩格斯. 马克思恩格斯文集：第 2 卷. 北京：人民出版社，1957：3–268.

④ 马克思，恩格斯. 马克思恩格斯文集：第 1 卷. 北京：人民出版社，2009：112.

⑤ “解放”是一种历史活动，不是思想活动，“解放”是由历史的关系，由工业状况、商业状况、农业状况、交通状况促成的。（马克思，恩格斯. 马克思恩格斯文集：第 1 卷. 北京：人民出版社，2009：527）

关系接近确切地运行着，但是并不意味着它们本身是不可避免的。实践可以改变它们产生的现实条件，但是常常必须通过它们运作，而不可能简单地逃避它们。任何特定的规律成为现实的过程常常是斗争的过程：我们必须了解它们，以便明白社会生活的结构、适用于斗争的结构和限制以及斗争是如何改变这些规律的因素的。我们认为，将具体的历史约束和总体上的开放性结合起来是解决马克思的明显的经济主义矛盾和《资本论》中规律相关问题的关键。

《资本论》中的规律

《资本论》中的规律的第一个内涵可以概括为简单的偶然性：这个过程在一系列现存条件下必然以特定方式向前发展。在“序言”中，马克思首先将自己对资本主义的分析与物理学家的任务进行了比较：物理学家必须获得适当的观察条件。他将英国称为资本主义的“典型地点”，并继续指出：“问题本身并不在于资本主义生产的自然规律引起的社会对抗的发展程度的高低。问题在于这些规律本身，在于这些以铁的必然性发生作用并且正在实现的趋势。”[①] 这一点以及《资本论》的“序言”中的相关要求“揭示了现代社会的经济运动规律”，鼓励对马克思的唯物主义进行物理上而不是历史上的解读。事实上，马克思常常将规律作为客观必然性，与主观理解和意图不相关。所以，他认为工人或者“马”需要休息，或者土地需要补给，这些都是源于独立于资本主义意愿的自然规律的作用，可能最终在它中间或反对它的过程中体现出来。

马克思也认为人在生产活动中的目的作为规律决定着他的活动

① 马克思，恩格斯. 马克思恩格斯文集：第 5 卷. 北京：人民出版社，2009：8.

方式和方法，成为源于内部的、作为劳动者意识的一种强制因素，支配劳动者并使他们的意志服从这个目的，反过来他们又将它强加给自然界。[①]《德意志意识形态》（*German Ideology*）承认了这种令人信服的理念的来源，认为："不是意识决定生活，而是生活决定意识。"[②]后来，这种看法再次重现为"不是人们的意识决定人们的存在，相反，是人们的社会存在决定意识"[③]。经济基础和上层建筑的这种表达已经为长期对马克思进行庸俗唯物主义解读提供了可能。而这种表达就意味着人类思想只能形成于这样一种决定形式但绝不是一种决定主义，并以此为前提，它所产生的社会条件常常间接和无意中也是如此。但是，马克思与唯心主义的争论要求做出这样的判断，即"'精神'从一开始就很倒霉，受到物质的'纠缠'……意识一开始就是社会的产物，而且只要人们存在着，它就仍然是这种产物"[④]，人类在自然中不可能跨越自我，但是必须实现自我[⑤]，并且最终服从自然主义意义上的规律。因此，规律的理念成为自然主义的因果强制理念，并且扩展到了人类社会。

更常见的是，马克思将偶然的、自然的规律类比于资本主义的强制性。他看到资本作为社会强制因素将它的要求强加到工人和资本家头上，这种强调完全可以与他所认为的规律相比："自然规律的权威"[⑥]和"作为规律决定着"[⑦]是典型形式。这样的例子包括商品

---

① 马克思，恩格斯. 马克思恩格斯文集：第 5 卷. 北京：人民出版社，2009：208.
② 马克思，恩格斯. 马克思恩格斯文集：第 1 卷. 北京：人民出版社，2009：525.
③ 马克思，恩格斯. 马克思恩格斯文集：第 2 卷. 北京：人民出版社，2009：591.
④ 马克思，恩格斯. 马克思恩格斯文集：第 1 卷. 北京：人民出版社，2009：533.
⑤ 同 ④，184–185.
⑥ 马克思，恩格斯. 马克思恩格斯文集：第 5 卷. 北京：人民出版社，2009：414.
⑦ 同 ⑥，208.

之间的汇率波动、社会必要劳动时间对价值的决定、资本主义生产之间的竞争压力、进入或保持生产所需要的最低资本数量的上升、榨取利润的必要性、资本集中化、工人出卖他们的劳动力以及财富的社会分配变得更加不公。①但是，正如我们将在下面讨论的，马克思一旦断言社会规律存在因果关系，就开始假定历史的和现象学的变化。这种活动是马克思理解规律及其与由机械唯物主义和古典政治经济学伪装的自然规律形成鲜明对比的基础。所以，对“规律”这些因果上的运用所体现出来的矛盾是它们的社会和历史性质披着自然主义的外衣。但是，正是这种外衣反映了它们实际上是如何呈现出强加给它们的强制性的。

我们在《资本论》中看到的规律的第二种含义具有讽刺性：批判的、常常是嘲讽的，但重要的是它反对将社会关系归纳为第一种含义中所表明的自然规律。在整个《资本论》第 1 卷中，马克思嘲笑古典政治经济学家找到了资本主义的“自然的永久规律”（eternal laws of nature）和它的附加现象（epiphenomena）——诸如供给和需求决定价格②，这些规律此时实际上是由社会决定的，并且其渊源是颇近的。首先，这种批判似乎与上述马克思对规律的第一种理解中宣称的自然唯物主义相矛盾，但是实际上在很大程度上是它的前提，这仅仅意味着存在一些关于规律的自然主义理解并不适用的情形。我们反对规律的约束，这进一步意味着现实是由不同秩序的力量塑造的，尽管它们有时伪装为规律。马克思敏锐地注意到整个领

① 马克思，恩格斯. 马克思恩格斯文集：第 5 卷. 北京：人民出版社，2009：20–21，93，105，311，367–368，371，400–401，412，415–416，561，683，714，721–722，737，742–743，744–745，846.

② 同 ①，225–226，605，648–649，704，716，870，874.

域都是一种意识形态斗争的战场：

> 资产阶级在法国和英国夺得了政权。从那时起，阶级斗争在实践方面和理论方面采取了日益鲜明的和带有威胁性的形式。它敲响了科学的资产阶级经济学的丧钟。现在问题不再是这个或那个原理是否正确，而是它对资本有利还是有害，方便还是不方便，违背警章还是不违背警章。①

这里，马克思要求我们考虑不同类型的效率，它不是建立在因果关系基础上的，也不脱离于古典现实主义层面的人类意识，它的有效性在于它能够证明或独立地确定它在客观上是否正确。正是这种效率的思想意味着主体性的理念，即行为者的倾向极为重要，因为它们在一些层面形成现实，而不是仅仅记录或反映现实。

这就是实践：有意识地、战略性地改变形成行为主体及其行为的客观条件。还没有到完全可以逃避规律及其指令的时间，而是相反——在各方面都和它们交织在一起。它实际上是一种基于其形成的客观条件的相互主观行为，这种行为可能多多少少是无意的、战略性的、再生产的或变革的，但总是充斥着意想不到的后果，必然会产生不确定性。因此，规律总会导致一些意料之外的结果，即人们面对一些客观现实会采取一些抗争策略，但这些对策并非一些随意的、主观的决定。在这种讽刺性的规律运用的背后有一个严肃的理论出发点。《资本论》将规律的这些因果的和讽刺性的内涵综合起来，相当于经济基础与上层建筑之间的相互作用。它们的相互作用可能是非对称的，仍然受到客观条件的不同权重、不同程度的支配，但是这些条件本身也在发挥着作用。

① 马克思，恩格斯. 马克思恩格斯文集：第 5 卷. 北京：人民出版社，2009：17.

《资本论》中规律的第三个内涵是逻辑上的必然性。马克思始终诉诸定义和代数公式，尽可能地在分析上呈现资本的运作。在此基础上，他提出了纯粹逻辑的论断，称它们为规律是因为它们从定义上看是真实的。这些例子包括：“流通货币量，等于流通商品总价除以货币的平均流通速度。”① “生产的剩余价值量，等于预付的可变资本量乘以剩余价值率。”② “劳动力的活动能力同它的活动时间成反比。”③ 这些规律是同义反复，并且如果将它们从琐碎中解脱出来，它们一定会成为更大的实质性论断的逻辑工具，帮助深入洞察实验现象的内部运作。例如，下面一系列表述通过定义成为真正的规律：“第一，不论劳动生产率如何变化，从而不论产品量和单个商品的价格如何变化，一定长度的工作日总表现为相同的价值产品。”④ “第二，劳动力的价值和剩余价值按照相反的方向变化。劳动生产力的变化，它的提高或降低，按照相反的方向影响劳动力的价值，按照相同的方向影响剩余价值”⑤。“第三，剩余价值的增加或减少始终是劳动力价值相应减少或增加的结果，而绝不是这种减少或增加的原因。”⑥ 这些规律确定了资本主义体制中的重要动力，只是因为它们体现了资本主义体制的基本前提：在杜娜叶夫斯卡娅（Dunayevskaya, 1975: 138）和埃尔森（Elson, 1979）所称的“劳动的价值理论”中，劳动被降为价值形成的源泉，“工人只有靠剩余劳动才能买到为维持自己生存而劳动的许可”⑦。

---

① 马克思，恩格斯. 马克思恩格斯文集：第 5 卷. 北京：人民出版社，2009：142.
② 同 ①，352.
③ 同 ①，472.
④⑤ 同 ①，594.
⑥ 同 ①，596.
⑦ 同 ①，589.

《资本论》总体上是阐述资本主义体制的内在逻辑的，所以规律的这种逻辑含义贯穿于整个研究中。商品的价值通过任何另一种具有同等价值的商品来实现①；价值必然体现商品交换的比率②；价值必然来源于生产这些产品的社会必要劳动时间③，不断降低社会必要劳动时间必然促进资本主义竞争和创新④，进而导致资本有机构成的提高⑤和资本的集中⑥：所有这些都有助于我们理解资本主义运行的规律。这种逻辑被看作内在的，不可能完全是抽象的，相反必然体现资本主义前提和资本主义的历史先决条件——被剥夺了的工人阶级、资产阶级被迫保持竞争的利润率、由商品交换调节的社会劳动分工——它们中的任何一个都不可能仅仅通过形式逻辑便建立起来。所以，逻辑与历史的必然性在《资本论》中是密切相关的。从《神圣家族》（*The Holy Family*）开始，唯物主义批判确立了马克思和恩格斯的合作关系，但是清晰而一贯地表明历史物质条件是社会逻辑的出发点，而不是相反。马克思可能会保存一份数学笔记（mathematical notebook），但他绝不是柏拉图主义者，从来没有企图像巴迪欧（Badiou, 2005）最近已经做的那样将数学与本体论等同起来。

马克思叙述的顺序可能是产生困惑的根源。《资本论》第 1 卷从商品、商品交换的价值规律、以商品为前提的社会劳动分工开始，以市场关系的主体的逻辑、历史和经验的方式确立了资本主义的前

---

① 马克思，恩格斯. 马克思恩格斯文集：第 5 卷. 北京：人民出版社，2009：105.
② 同 ①，226，269–271.
③ 同 ①，92.
④ 同 ①，311，370–371.
⑤ 同 ①，509，718.
⑥ 同 ①，721–722.

提条件，只有在马克思全面剖析了这些前提条件，揭示利润在平等交换条件下如何成为可能的秘密之后，才将工薪劳动引入讨论，从而使这种资本主义具体的决定因素的关注点从交换转向了生产。对剩余价值的详细阐述既是从历史角度进行的，也是从逻辑角度进行的，直到这种阐述完成。后来，马克思探讨了被剥夺了的工人阶级出卖他们的劳动力商品的历史形成，并且《资本论》第 1 卷包括了关于剩余价值逻辑的整个不断展开的讨论的基本前提条件。这结束了戏剧性的繁荣，在资本的规律，即“滴着血和肮脏的东西”[①]必然起作用的情况下，通过揭示它的暂时性基础而使逻辑分析服从于历史分析。《资本论》通过全面致力于资本主义前提的系统的逻辑阐述，提炼并最终揭示了它们基本的历史性。

我们因此得出规律——《资本论》中的第四个核心内涵，也是决定性的内涵，即历史条件的必然性。甚至早期版本的一个批判性评论已注意到[②]，规律在《资本论》中并不呈现为抽象的或普遍的必然性，而是相对于具体历史条件的、自身处在变化和延续中的必然性。例如，资本主义绝对要求工人出卖他们的劳动力，让资本家来组织生产剩余价值，而所有阶级购买和出卖可调节社会劳动分工的商品。但是，这些必然性在上述注意到的资本主义基本条件下是可以预测的。当它们都不存在了时，正如马克思在第 1 卷结尾部分提到的 19 世纪中期殖民地的情况那样，这种强制就不再适用了——这也是最热忱的管理者如威克菲尔德（Wakefield）极为懊悔的地方，因为他曾设想英国条件下形成的规律具有普遍的适用性。只有当这

① 马克思，恩格斯. 马克思恩格斯文集：第 5 卷. 北京：人民出版社，2009：871.
② 同 ①，20–22.

些基本条件存在，并且“实际上的从属”[①]存在时，资本的内在逻辑才会形成。

我们在第 1 卷第 25 章中清楚地看到了这一点：马克思在这里通过一系列低层面的规律，构建了资本主义积累的一般规律。第一，积累要求在资本有机构成保持不变的条件下，增加劳动力的使用，因此能够生产出更多的剩余价值。第二，随着资本主义积累的发展，资本有机构成提高，也就是不变资本对可变资本的比例提高。劳动生产率提高，并且能够完全补偿可变资本在总资本支出中所占比例的减少。这种效率推动资本家进行竞争，并由此实现资本集中。第三，因为资本在其积累过程中雇用的工人在不断减少，所以剩余人口或产业后备军就形成了。因此，马克思将人口规律归为资本主义和它的工人阶级所特有的规律。[②]一部分工人无所事事；而另一部分工人却过度劳动，被迫以低于其自身的价值出卖劳动力。第四，工人阶级根据资本的需要而不断重塑和分裂，因为他们周期性地进入或被排除于生产，遭遇贫困、犯罪和其他赤贫状态。因此，资本积累必然伴随着对工人作为人的发展的阻碍和“无产阶级多元化”——古典政治经济学有些讽刺性地扭曲了积累规律和人口规律——并且这就是“资本主义积累的绝对的、一般的规律”[③]。它解释必然事件之间的关系和链条，这些事件依赖于一种生产方式的历史条件，源于其作用的规律性和强制能力。

规律在马克思整个著作中的所有其他含义都是围绕着这种历史

① 马克思，恩格斯. 马克思恩格斯全集：第 49 卷. 北京：人民出版社，1982：95–99，125–127.

② 马克思，恩格斯. 马克思恩格斯文集：第 5 卷. 北京：人民出版社，2009：727–728.

③ 同 ①，2009：742.

条件必然性的含义。它保留着物理的和自然的强制含义、逻辑的内涵，但是彻底将它们的适用范围从普遍适用限定到具体层面，并发起了包含规律之下偶然性和主体性的反决定主义的反趋势。这种更大的反决定主义的第一个表征就是马克思一贯坚持的观点，即阶级斗争确立历史条件，而时代局限性的必然性就起源于这种历史条件。这是《共产党宣言》的口号“至今一切社会的历史都是阶级斗争的历史”①的一个核心内涵。在《资本论》的许多方面，马克思大量插入了关于阶级斗争如何建立资本主义的基本前提条件和发展趋势的内容，中断了他对于资本内在逻辑或“运动规律”的阐述。这突出体现在《资本论》第 10 章和第 15 章，它阐述了工作日的斗争和劳动过程中机器的使用如何实现相邻章节中提出的从绝对剩余价值生产到相对剩余价值生产的转换。相对剩余价值生产不是自身推进的，而是争取劳动过程控制权的斗争的结果。第 27 章和第 28 章②进一步描述了英国征用农民的土地及立法将农民转变为被剥夺的工人阶级，使其被迫向资本家出卖劳动力。这些发展绝不是自发的。它们将资本主义预设为一种已经出现的但还没有占支配地位的社会逻辑，资本家能够将它攻击性地向以前并不适用的农村地区延伸，并遇到被剥夺者的抵抗。总体来看，这些章节表明资本主义和它的非人性

---

① 马克思，恩格斯. 马克思恩格斯文集：第 2 卷. 北京：人民出版社，2009：31.

② 这里指的是英文版《资本论》第 1 卷，英文版共有 8 篇 33 章，这与中文版共 7 篇 25 章有一定的差异。其中，上文提到的英文版第 10 章是“工作日”（Chapter 10: The Working-Day），第 15 章是“机器和大工业”（Chapter 15: Machinery and Modern Industry）。这里提到的英文版第 27 章是“征用农业人口的土地”（Chapter 27: Expropriation of the Agricultural Population From the Land），第 28 章是“对被征用者的血腥立法，从 15 世纪末开始。通过议会法案压低工资”（Chapter 28: Bloody Legislation Against the Expropriated, from the End of the 15th Century. Forcing Down of Wages by Acts of Parliament）。

的“运动规律”依赖于人和人所引起的过程与事件。这些穿插在《资本论》中，并且大量被忽视的马克思的政治著作也在很大程度上坚持这些观点，因此这不仅仅是对科学分析的感情上的、狄更斯式的门面装饰（Dickensian window-dressing），相反是以它为核心的。

《资本论》中规律的第五个或现象学上的内涵，表明马克思在很多场合解释了拜物教现象、幻想或主观经验是深层的物质—历史条件的结果。马克思系统地关注了资本主义的根本动力如何确实体现或不体现在它所生成的各种阶级和阶级分化上。它们所没有清楚地做到的，正是《资本论》大量探索的前提：

> 这里不考察资本主义生产的内在规律怎样表现为资本的外部运动，怎样作为竞争的强制规律发生作用，从而怎样表现成为单个资本家意识中的动机。然而，有一点一开始就很清楚：只有了解了资本的内在本性，才能对竞争进行科学的分析，正像只有认识了天体的实际的、但又直接感觉不到的运动的人，才能了解天体的表面上的运动一样。[①]

《资本论》整个三卷系统地阐述了现象和内在关系之间不协调的问题。资本主义实践产生了不同的主体地位和观点，所有这些仍然是源于和某种程度上是“关于”这些实践的。这是意向性的现象学观念，也就是对事态的潜在状态的提前反映的倾向或情形。因此，第1卷从商品交换和商品拜物教开始的重要原因是，它们是资本主义将自身呈现给大多数人的形式。只有通过深入探讨劳动的社会分工、价值形式、劳动价值理论以及劳动与资本之间的关系，马克思才能确立它的根本关系。第1卷最核心的论断之一就是马克思阐述

① 马克思，恩格斯．马克思恩格斯文集：第5卷．北京：人民出版社，2009：368.

了商品交换规律表明的矛盾：如果商品根据它的价值进行交换，那么利润如何是可能的？马克思详细分析了这个矛盾。[①]解决这个矛盾的关键是劳动力在资本主义下制度性地成为能够生产超过其自身的价值的商品，因此资本家能够根据它的价值购买它并且仍然能从中实现额外的增殖即剩余价值。[②]但是，要注意这一点：人们必须区分只能发生在生产中的价值增殖过程与发生在生产之外的循环过程。[③]资本家积极从事的东西是不需要什么事由的。

类似地，第 2 卷从它们内部的不同立场出发，探究资本循环，这绝不是强迫性的会计活动。它表明这些循环以及诸如“生产”劳动与“非生产”劳动的区分等相关问题可能会因站在劳动的立场或资本的立场的不同而出现差异，或者甚至在它们中间存在不同的部分。臭名昭著的价值关系如何被包含进价格的“转化问题”——价格很少直接体现价值，这是由于供给和需求的偶然性（本身也是规律的另一种拜物教表现）以及这个体制中的其他肤浅的“噪音”——是这种阐述的另一种例子。马克思在第 1 卷中提出、在第 3 卷中进一步阐述了外部现象如何既揭示又掩盖了价值的根本社会关系。

带有深层—表面动力的现象学的决定（Hegel, 1977）明显强调对于规律的相互严重影响的因果、逻辑和历史含义的干扰。例如，资本主义的历史前提成为它的内在逻辑的先验的和在很大程度上想当然的前提，这作为一种更加明显的和更容易接受的意识而立刻成为人们关注的事情。一个有趣的结果是，与实证主义将规律理解为

① 马克思，恩格斯. 马克思恩格斯文集：第 5 卷. 北京：人民出版社，2009：182–193.

② 同 ①，227.

③ 同 ①，192.

解释的基础的看法相反，规律在这里成为历史条件与表象中间的折射性干扰（refracting mediation）因素。《资本论》的规律并没有阐述这些基础性的关系本身，因为这些关系在很大程度上被设定为阶级斗争非决定主义的结果，而是阐述这些条件如何转变为了表象。现象学上的规律通过在深层—表面关系中引入折射（refraction），不仅对马克思一开始采用的简单因果模式进行了提炼，并且还以此为出发点。这里，将基础性的关系组织起来的因素开始声称一些东西是它们自己的甚至是行为的特征，也因此导致了更复杂的和相互影响的决定形式，这些形式涉及伪装、替代等。这些规律充其量是介于深层到表面等级间的中间层的有限的、有条件的解释，并且最坏的情况则是自身成为需要现象学解释的意识形态上的错觉（例如对利润的循环主义解释）。不管哪种情况，它们都不是解释层次的基础。随着规律被讽刺性地运用，这里的假定是表象重要，因为它们影响着人们如何遵循基本条件，不管是通过揭露、替代的方式，还是通过直接掩盖它们的方式。

我们在《资本论》中确认的规律的第六个也是最后一个内涵是关于面对相反趋势的辩证趋势的。上述一些例子已经有初步体现，但是在很大程度上成为第 3 卷核心的“利润率下降趋势的规律”（Law of the Tendential Fall in the Rate of Profit）是最好的说明。在《资本论》讨论的所有规律中，这个规律可能是最经常被决定主义（错误）解读的。这个规律本身是相当简单的同义反复：因为剩余价值率是 s/v，而利润率是 s/（c+v），随之得出利润率必定下降的结论，因为 c（不变资本）上升，发展等同于劳动生产率的提高。[1] 对这个

① 马克思，恩格斯. 马克思恩格斯文集：第 7 卷. 北京：人民出版社，2009：235–257.

规律的决定主义解读导致它被看作资本主义末世论（eschatology）的基础，因为它似乎表明资本主义因自身发展而灭亡。但是，从一开始就有许多东西需要关注：一是，这个规律的同义反复形式仅仅是利润率定义的内涵，它自身几乎没有告诉我们什么（它要求其他变量保持不变，包括剥削率）。最关键的是，马克思将它看作这样一种趋势，即它在运动中还有同一过程的内在的反趋势。谁会成功不是一个理论问题，而是与积累周期和阶级斗争联系在一起的实践问题。二是，这可能看起来像另一种情形的现象学掩蔽（phenomenological masking），但是差异在于我们现在阐述的是大致在同一水平面的两个对立的运动或原则之间的斗争，而不是表象和基础之间的垂直对立。这一规律最具决定主义的解读可能是，它通过确立限制，让我们考察什么样的趋势在没有阶级斗争的情况下可能自下而上地发挥作用，也可能是阶级压力自上而下地阻碍利润率下降。这赋予该规律解释力，但意味着它对一些东西的解释与常常和它联系在一起的“迫在眉睫的崩溃”（imminent collapse）预测存在很大差异。

规律作为辩证的趋势的内涵与上述探讨的该术语的逻辑内涵有特殊关系。最明显的是，它似乎呈现为资本主义的内在逻辑中的矛盾，表明它是由相互矛盾的力量或原则构成，每一方都有自己的内涵、要求和理由，因此都不可能归纳为另一方。例如，在使用价值和交换价值的矛盾中，马克思认为前者从资本主义逻辑看比后者享有更大的自治。[①] 工人在某种程度上只获得使用价值，但保持着明显的社会倾向，这也是对资本主义进行严格的“结构”分析可能会

① 马克思，恩格斯. 马克思恩格斯文集：第5卷. 北京：人民出版社，2009：48–49，124–126，135，161–162.

忽视的东西。类似地，马克思密切关注带来价值增殖的生产，这也表明合作、相互依赖和集中计划的巨大发展，所以这些构成了挑战资本主义私有财产和建立共产主义的现实基础。[①]资本主义再次被证明是一种非同质的秩序。它促成的发展可能脱离它的逻辑，形成走向新的、潜在对立的社会秩序的出发点。矛盾到那时标志着一个确定性的界限，在这里制度介入到可能性之中，逻辑进一步融入历史。

资本主义生产的集中化与社会化之间的矛盾表明关于基本生产条件的阶级斗争是马克思思想中规律的辩证法内涵的典型例证。在这个最不具有决定性的时刻，明显出现新的可能性，规律的含义并不会消失，而是呈现出新的、可能的蕴涵。所以，《共产党宣言》将规律看作阶级斗争的战略可能：

> 由于阶级对立的发展是同工业的发展步调一致的，所以这些发明家也不可能看到无产阶级解放的物质条件，于是他们就去探求某种社会科学、社会规律，以便创造这些条件。[②]

在《资本论》第1卷中也类似，马克思认为资本主义无休止地要求工人再培训，这可以作为一个进入共产主义的跳板，在那里人的全面发展引导劳动的变化：

> 但是，如果说劳动的变换现在只是作为不可克服的自然规律并且带着自然规律在任何地方遇到障碍时都有的那种盲目破坏作用而为自己开辟道路，那么，大工业又通过它的灾难本身使下面这一点成为生死攸关的问题：承认劳动的变换，从而承

---

① 马克思，恩格斯. 马克思恩格斯文集：第5卷. 北京：人民出版社，2009：872–875.

② 马克思，恩格斯. 马克思恩格斯文集：第2卷. 北京：人民出版社，2009：62.

> 认工人尽可能多方面的发展是社会生产的普遍规律，并且使各种关系适应于这个规律的正常实现。[①]

最后,《法兰西内战》(*The Civil War in France*) 观察到巴黎公社中工人阶级的情况:

> 他们知道，这一革新的事业将不断地受到各种既得利益和阶级自私心理的抗拒，因而被延缓、被阻挠。他们知道，目前“资本和地产的自然规律的自发作用”只有经过新条件的漫长发展过程才能被“自由的联合劳动的社会经济规律的自发作用”所代替。[②]

特别是，规律在所有这些情况中不再是当前状况的固化，而是伴随和强化着它们的革命转型。因此，只有一种潜在的或紧急的秩序才能反对主导的秩序，从而实现自己。结果是：既公开挑战又有限保留着苟延残喘的决定主义，对规律的历史的和现象学上的理解从它的简单的因果含义开始延伸。非决定性的客观基础在这里就是现实形成的不同趋势、动力和阶级力量之间的积极斗争。这些斗争必然假定主体性成为冲突的力量和倾向的差异性体现和新出现的意识，并催生出这样的主体性。但是，主体性并不是跳跃到不受约束的自由，它要求同由它自身决定的客观条件进行斗争，因此规律必须仍然是关注的核心。

如果阶级斗争在上述例子中决定新社会主义产生的条件，那么马克思在其他地方就会提出一个更有目的性的替代方案，即生产力

---

① 马克思，恩格斯. 马克思恩格斯文集：第5卷. 北京：人民出版社，2009：561.

② 马克思，恩格斯. 马克思恩格斯文集：第3卷. 北京：人民出版社，2009：199.

在整个革命和巩固时期推动历史向前发展。[①]这些看法与强调阶级斗争的主张之间的差异可能是明显的和惊人的，但是它们之间的真正差异最终比看到的要小。两者都将人们生活的决定条件置于首要地位，第一个是阶级斗争的目标，第二个是新的斗争将会反对的累积性的、超历史的基本路线（baseline）。每一方都强调在经济基础和上层建筑关系中相互决定的一种情况，但这样做是以另一方为前提的。生产力赋予的相关联的基本条件因此常常影响政治斗争中“成为一个阶级”（becoming a class）的过程。[②]类似地，马克思一些表面上最有决定主义色彩的段落有唯意识论的看法。[③]在马克思主义传统中，过去长时间存在着政治经济学和实践哲学之间的些许对立。我们需要重新发现如何对两者进行辩证解读。

结论

我们的讨论是从反决定主义、实践哲学出发，认为人类和自然的历史原则上是没有确定目标的。它通过规律、决定和基础——上层建筑的隐喻进行研究，而不是抛弃它们，并与其他马克思主义主要流派一起探求一种生产关系。正如马克思本人所认为的，关键是

① 马克思，恩格斯. 马克思恩格斯文集：第 1 卷. 北京：人民出版社，2009：527，533，538–539，559–562；马克思，恩格斯. 马克思恩格斯文集：第 2 卷. 北京：人民出版社，2009，591–592.

② 马克思，恩格斯. 马克思恩格斯文集：第 1 卷. 北京：人民出版社，2009：561–562；马克思，恩格斯. 马克思恩格斯文集：第 2 卷. 北京：人民出版社，2009：567–568；马克思，恩格斯. 马克思恩格斯文集：第 5 卷. 北京：人民出版社，2009：820–875.

③ 马克思，恩格斯. 马克思恩格斯文集：第 2 卷. 北京：人民出版社，2009：591–592.

在历史观上利用唯物主义，而不是在本体论上回到唯心主义。[①]实践与从历史观角度将规律理解为必须与具体社会条件相结合，是有共同点的。实践没有这些条件，也就没有什么东西是可干预的，因此就失去了它的具体性、人为性和战略性的特征。尽管规律强调行为主体受具体条件决定，但实践强调人的行为如何做出和可能如何改变。这些条件本身必须建立起来，成为不断斗争的结果。每一个要素都以另一个要素为前提，并相互渗透，但是它们还只是作为整体中的一个突出方面而分离。坚持基础和上层建筑的辩证法特征意味着在一定程度上承认类似规律的决定论，从而建立实践运作的基础，尽管这种基础可能改变。提到资本的规律因此就是提到争论的过程和社会世界的形成。《资本论》关于经济规律的讨论使这一点令人钦佩。

马克思在《资本论》中运用规律将自然科学的观念移植到人类世界，并没有淡化后者的典型特征。马克思通过运用讽刺的、逻辑的、历史的、现象学的和辩证法的特征来改变这种初期的机械主义观念，从而使规律人性化，但是同时又用它来揭示社会存在已经接受的和内化的条件。如果不使这些条件自然化，那就是依然在强调它们能够本能地强迫人的行为。在我们这个由消费者选择、抽象的民主错觉和阶级斗争被取代的个人主义年代，这种具有内在限制的决定主义确实值得强调。同时，正是辩证的马克思才使我们想起在必然中产生自由，才会形成决定如何在结果还没有预先确定的过程中发挥作用，但是他从来没有停止反对限制和可能性范围的斗争。

---

① 马克思，恩格斯. 马克思恩格斯文集：第 5 卷. 北京：人民出版社，2009：429.

参考文献

Badiou, A. (2005). *Being and Event.* New York: Continuum.

Dilthey, W. [1989 (1883)]. *Selected Works Volume I: Introduction to the Human Sciences*. Princeton: Princeton University Press.

Dunayevskaya, R. [1975 (1958)]. *Marxism and Freedom: From 1776 until Today.* London: Pluto.

Elson, D. (1979). The Value Theory of Labour. In D. Elson, ed., *Value: The Representation of Labour in Capitalism.* London: CSE Books, 115–180.

Engels, F. [2010 (1895)]. Letter to Conrad Schmidt. In K. Marx and F. Engels, eds., *Marx and Engels Collected Works,* Vol.50. London: Lawrence and Wishart.

Foster, J.B., Clark. B.and York, R. (2010). *The Ecological Rift: Capitalism's War on the Earth.* New York: Monthly Review Press.

Hegel, G.W.F. [1977 (1807)]. *Phenomenology of Spirit.* Oxford: Oxford University Press.

Lobkowicz, N. (1967). Theory and Practice: History of a Concept from Aristotle to Marx. Notre Dame: University of Notre Dame Press.

McCarthy, G. (1990). *Marx and the Ancients.* Savage: Rowman and Littlefield.

Margolis, J. (1989). The Novelty of Marx's Theory of Praxis. *Journal for the Theory of Social Behaviour,* 19(4): 367–388.

Margolis, J. (1992). Praxis and Meaning: Marx's Species Being and Aristotle's Political Animal. In G. McCarthy, ed., *Marx and Aristotle: Nineteenth-Century German Social Theory and ClassicaI Antiquity.* Latham: Rowman and Littlefield, 329–355.

Marx, K. [1970 (1859)]. *A Contribution to the Critique of Political Economy.* New York: International Publishers.

Marx, K. [1973a (1852)]. *The Eighteenth Brumaire of Louis Bonaparte.* In K.

Marx. *Surveys from Exile*. London: Penguin, 143–249.

Marx, K. [1973b (1857-8)]. *Grundrisse.* New York: Penguin.

Marx, K. [1974 (1871)]. The Civil War in France. In K. Marx, *The First International and After.* London: Penguin, 187–268.

Marx, K. [1975a (1844)]. *The Economic and Philosophical Manuscripts of 1844*. In K. Marx, *Early Writings*. London: Penguin, 279–400.

Marx, K. [1975b (1845)]. Concerning Feuerbach. In K. Marx, *Early Writings.* London: Penguin, 421–423.

Marx, K. [1976 (1867)]. *Capital, Volume1.* London: Penguin.

Marx, K. [1978 (1885)]. *Capital, Volume2.* London: Penguin.

Marx, K. [1981 (1894)]. *Capital, Volume3.* London: Penguin.

Marx, K. [2010 (1861–3)]. Theories of Surplus Value. In *Marx and Engels Collected Works,* Vols 30–33 London: Lawrence and Wishart.

Marx, K. [2012 (1841)]. *DoctoraI Dissertation.* Manchester: Michael George.

Marx, K.and Engels, F. [1970 (1845–6)]. The German Ideology, Vol.1. In *Marx-Engels Collected Works*, Vol.5. Moscow: Progress Publishers, 19–452.

Marx, K.and Engels, F. [1973 (1848)]. Manifesto of the Communist Party. In K. Marx, *The Revolutions of 1848,* London: Penguin, 62–98.

Marx, K.and Engels, F. [2010 (1844)]The Holy Family. In *Marx and Engels Collected Works,* Vol.4. London: Lawrence and Wishart, 5–211.

Mill, J.S. (1848). *Principles of Political Economy.* London: John W. Parker.

Thompson, E.P. (1978). *The Poverty of Theory: or an Orrery of Errors.* London: Merlin 1995.

Vico, G. [1984 (1744)]. *The New Science of Giambattista Vico.* Ithaca: Cornell University Press.

第 7 章

《资本论》和劳动过程

保罗·汤普森和克里斯·史密斯

解读《资本论》从来不是无缘无故的，更不用说是没有争议的。当前，形成概念上和政治上的潮流的是认知资本主义（cognitive capitalism）理论，它以下列论断为基础:“物质生产”不再是价值的源泉，劳动时间不再是雇主感兴趣的重要目标，劳动的实际隶属被推翻（Vercellone, 2007; Moulier-Boutang, 2012; Hardt and Negri, 2000，2009）。这些评论者定位于后工人主义传统，更喜欢关注马克思在《1857–1858 年经济学手稿》中“机器论片断”，并将其看作终结短缺的蓝本和依赖于某种程度上的乐观主义向后资本主义或共产主义的急切转变（Pitts, 2016）。这些论断由于保罗·梅森（Paul Mason）的宣传而得到很大的推动。他认为《资本论》尽管是一项历史成就，具有大量出色的观点，但它在本质上是一种历史。“信息商品”正在侵蚀价值，劳动不再是利润的最终来源。信息资本主义（Info capitalism）受到它自身矛盾的困扰，所以后资本主义将产生于网络化的、合作的零成本生产。可以想象的结果是，劳动过程中的对抗将被取代，就业关系和“阶级斗争在认知资本主义阶段越来越多地采取分配斗争的方式”（Jeon, 2010: 19）。用略微不同的方式来表达就是：政治从工厂转向社会工厂，激进的要求集中在一般的基本收入和取代了工资劳动的“单调乏味”的完全自动化上（Mason, 2016; Srnicek and Williams, 2015）。

在这一章里，我们部分地捍卫马克思在《资本论》中关于劳动过程的相关性，认为这种分析对于理解当代经济具有优势，尽管对于理解其他社会关系不是这样的。一个半世纪之前的著作不可能完全适应这个时代，例如关于复杂管理和就业制度的增长就面临着这个问题。但是，其分析生产过程中资本—劳动关系的工具和围绕控制、科学、技术和主观努力的存在争议的领域，对于批判性研究者来说仍然是至关重要的源泉，如果他们准备同时采用和创新的话。在这一章的剩余部分，我们会解释布雷弗曼（Braverman）如何从事这一研究、后来的劳动过程理论以及与我们有联系的研究共同体。我们认为，这些努力拓宽了管理体制的概念，恢复了对劳动主体的关注。同时，他们利用了对《资本论》的狭义解读——具有优点和局限性，它关注不同积累体制下劳动过程的转化。本章第二部分是对当前这样一种论断的阐述和批判，即生产劳动和劳动过程不再是创造价值和劳动—资本矛盾的重要处所。《资本论》在当前时期仍然是比“关于机器的片断”更好的分析与行动指南。

马克思的《资本论》：概念、遗产、趋势和相关性

马克思在《资本论》中形成了资本主义作为一个总体的理论，具有不同的领域——生产、循环和再生产，构成了一个整体的但又矛盾的政治经济学体系。马克思的资本主义理论将关注点从市场关系转移到作为政治经济学核心的生产关系。尽管工薪劳动者和资本家作为卖者和买者出现在市场上，但是价值不是通过他们作为市场

交换者的角色而生产和再生产出来的。相反，价值创造发生在市场背后的“隐藏的住所”（hiddenabode），发生在生产领域，行为者双方在这里转变为工人和资本家的新的代理人。马克思在《资本论》中列出了资本主义劳动过程的构成：“劳动过程的简单要素是：有目的的活动或劳动本身，劳动对象和劳动资料。”[①] 所有的政治经济中都存在着这些要素，但是只有在资本主义中，生产的目标是为了产生交换价值，资本家从中获得利润。劳动过程的构成是：劳动、原材料或生产的对象；工具、技能和技术，生产对象通过这些转变为使用价值，这些要素在资本主义下必须服务于为资本家带来剩余价值和利润的目的。“作为劳动过程和价值形成过程的统一，生产过程是商品生产过程；作为劳动过程和价值增殖过程的统一，生产过程是资本主义生产过程，是商品生产的资本主义形式。”[②]

劳动过程的各个部分保持活力需要组织和协调——一种将工人和管理者聚集在一起的权威结构，并且因为工人只提供出卖的“劳动力”（活的工人包含的能力），所以就常常需要管理（或权威 / 权力），将这种可能转变为生产使用价值，以及更重要的生产交换价值的工作。对马克思来说，交换是不平等的，但又是背后的不平等，因为工人付出的努力并没有得到充分的回报，生产过程掩盖了从工人身上榨取的剩余价值。由于资本主义内部的积累力量，劳动力常常被迫提高它的生产力，并典型地分化为从延长工作日（工作时间）到通过运用科学和技术，包括以更有生产效率的方式组织工作和工人的社会技术，来强化劳动过程中的生产率。

---

① 马克思，恩格斯. 马克思恩格斯文集：第 5 卷. 北京：人民出版社，2009：208.

② 同 ①229–230.

马克思表明现代工业的兴起威胁到了手工劳动。“集体劳动者”数量的增长，专门从事有限范围的任务的细分劳动的出现，制造业者和技术占主导地位，这些都意味着“专业化工人”[①]的生产率优势导致了熟练劳动力的减少。他继续指出：“机器是一个极其强大的竞争者，随时可以使雇佣工人‘过剩’。它还被资本公开地有意识地宣称为一种和雇佣工人敌对的力量并加以利用。”[②]现代的工业运动重新组织了劳动过程和技术，体现在工人的去技能化和对劳动力的依附，这是后来的劳动过程理论家特别是布雷弗曼进一步发展的主题。马克思认为，随着科学与技术的运用，生产不再是工人技能和意愿的结果，而是资本将“人类发展的一般成果，例如数学等，运用到直接生产过程中去”[③]。这一运动使工人地位从形式上的从属转变为实际上的从属，这正是我们下一部分要讨论的内容。

积累依赖于加强对劳动的控制，运用技术、推动力和强化工具来产生更多的剩余价值。评论者批判了马克思对这些趋势的论述的一些方面。极为严格的时期划分意味着确定趋势，用更高级的劳动方式来替代另一种劳动方式，用以工厂为基础的机械化替代手工劳动。马克思在《资本论》中的时期划分是技术决定主义的和线性的——过分强调技术对于工业组织的影响（Lazonick, 1990）。他也过分强调工业的发展，表明通过现代工业的发展或从协作到工场手工业，血汗贸易（sweated trades）的衰落在某种程度上是不可避免的，此时这些趋势已经表明其在历史上是可变的（Lazonick, 1990; Littler, 1982）。

---

① 马克思，恩格斯. 马克思恩格斯文集：第 5 卷. 北京：人民出版社，2009：483.

② 同 ①，501.

③ 马克思，恩格斯. 马克思恩格斯全集：第 49 卷. 北京：人民出版社，1982：84.

但是，马克思的学术遗产在当今仍然具有相关性：研究当代资本主义中的劳动时会反复引用一些概念，如劳动力、剩余价值和社会劳动分工等。这里以管理为例来说。马克思注意到："劳动过程，就它是资本家消费劳动力的过程来说，显示出两个特殊现象。工人在资本家的监督下劳动，他的劳动属于资本家……其次，产品是资本家的所有物，而不是直接生产者工人的所有物。"[①]管理的出场是由于所有制的需要——资本家不仅占有工人的劳动时间，也占有劳动过程的产品。但是，马克思在《资本论》中认为劳动时间是不断斗争的结果。他引用了工厂调查员的报告说资本家"'零敲碎打地偷窃'工人吃饭时间和休息时间的这种行为，又被工厂视察员称为'偷占几分钟时间''夺走几分钟时间'，工人中间流行的术语，叫作'啃吃饭时间'"[②]。英国主要的体育用品零售商"直接体育"(Sports Direct)的行为就被指控为在一点点啃时间(nibbling)——员工耽搁1分钟就会被扣除15分钟的报酬——用过多的、令人烦扰的查寻占用工人太长的时间，违反了最低工资的立法(Management Today, 2015)。

当然，主要概念在(再)运用中仍然可以得到分析和修正。马克思在很大程度上运用了单一的主导管理的模式，他称之为"车间中的专制"。这种阐述没有充分估计与监管群体的管理增长相联系的控制策略的多样性。例如，生产管理不同于人事部门或人事经理(HR managers)的管理，后者负责提供以体现劳动力和技术、管理专家本质为基础的工人管理的竞争方式及与体现劳动力和技术、管理专家本质相关的竞争方式。另一个例子可能是马克思特别强调

① 马克思，恩格斯. 马克思恩格斯文集：第5卷. 北京：人民出版社，2009：216.

② 同①281.

劳动者具体体现为由男性、女性和小孩范畴构成，当前我们将这些扩展到了劳动的情感和美学层面（Bolton, 2004; Warhurst et al., 2000）。

最后，还有劳动机构的问题。在《资本论》中，有结构的劳动过程是通过劳动者与资本之间的阶级斗争实现的，例如工厂法案、限制工作日延长的法案、儿童教育法案以及儿童和妇女劳动保护法，都是生产关系中阶级斗争的结果。[①] 马克思谈到了劳动过程中工人的反抗，但是它最终转化为更大范围的阶级斗争，结果在所谓掘墓人论题中推翻了资本主义，在这里“无产阶级将通过它在生产体系中的客观定位，被迫挑战和改变阶级社会，尽管这种斗争可能转化到更广泛的领域，并且通过政党来表达”（Thompson, 1990: 115）。时间的流逝逐渐削弱了这种观点，即资本主义劳动过程和更宽泛的阶级身份之间存在着联系，但是这个论题的目的论本质（teleological nature）并没有为理解工厂中的自我组织和抵制能力，以及发展更具体的和明晰的“生产政治学”（politics of production）留下多少空间。

劳动过程争论的再发现的起源

对马克思关于劳动过程分析的兴趣的复苏在很大程度上归因于法国和意大利的研究者。法国研究者关注技术变化的后果，特别是关于工厂中自动化对工人管理的大量思想。高兹（Gorz）认为：“当今的从机械化向自动化的转型将引发劳动组织和以其为基础的支配

① 马克思，恩格斯. 马克思恩格斯文集：第 5 卷. 北京：人民出版社，2009，320–344.

技术的危机……手工和知识性劳动将趋向于结合在一起，引起被泰勒主义（Taylorism）摧毁的劳动中人道主义的重生。”（Gorz, 1967: 126，转引自 Smith, 1987: 31）意大利理论家将福特主义（Fordist）集体工人的发展等同于马克思的“抽象劳动”思想，将其看作将工薪斗争转变为更普遍的反对工作和工薪劳动本身的斗争（Baldi, 1972）。意大利的研究者集中关注工人争取自治和拒绝工作的斗争，这更与对资本改变劳动过程方式的批判和集体工人的出现相一致。他们无视由自动化而产生的对工人进行机械控制的客观需求。我们将在下面指出，这种倾向最终被自治论者（autonomist）通过强调社会工厂而抛弃。但是，这两个传统所提供的是对福特主义和劳动过程的兴趣，批判了实际存在的社会主义社会的工作模式——特别是苏联模式，这里缺乏工人管理和将技术看作中性的观点——并且，不是像马克思认为的那样，充斥着资本主义社会关系、等级、脑力和体力工人之间的劳动分工（Sohn-Rethel and Sohn-Rethel, 1978）。

但是，阐述马克思对理解劳动过程的兴趣的主要贡献来自哈里·布雷弗曼（Harry Braverman），他的《劳动与垄断资本》（*Labor and Monopoly Capital*, 1974）引起了不同社会科学（以及人文科学），特别是激进经济学家、劳动历史学家、劳动关系研究者和工作社会学家的兴趣。我们已经在其他地方阐述了研究者关于布雷弗曼对马克思解读的反应，并且评价了已经被从布雷弗曼的著作推进的、继承下来的和得到发展的内容（Thompson and Smith, 2009; Smith, 2015）。布雷弗曼遵循《资本论》，强调生产而不是市场关系，随之强调了劳动力、技术和劳动后备军。但是，他也通过拓展关于泰勒主义和科学管理（Scientific Management）角色的讨论，增加了一个关于管理（以及联合起来的技术官僚）与大量没有技能的工人之间的技能分化的论题，这就像马克思在《资本论》中讨论过安德鲁·尤尔（Andrew Ure）或巴贝奇（Babbage）的著作一样，可以将其看作对泰勒著作的理想解读，而不应看作考察泰勒的实践在美国工业及其以外的实际扩散（Merkle, 1980; Nelson, 1980; Littler, 1982; Lazonick, 1990）。这里存在一些与马克思相关的连续性，正如布雷弗曼假定在劳动过程发展某一时期（periodization），控制体制随着泰勒主义达到顶点。

尽管布雷弗曼对于技能和科学管理的研究由于其关注现象范围狭窄而受到的批判最多，但是它确实促进了围绕科学和技术的重要研究路线。这方面的研究者库尔利（Cooley, 1976; 1980）和诺布尔（Noble, 1979）扩展了马克思关于资本主义技术设计中体现资本主义理性的思想。对他们来说，固定资本是中性的，这种设计有利于总体的思想但忽视了设计的背景，即将资本主义社会生产关系融入生产力之中。布雷弗曼把重点放在工作场所的管理上是正确的，但是将工作与资本主义联系起来的政治经济学在批判上也是极为重要的，并且在隐含的美国背景下进行的研究意味着这在布雷弗曼的研究中不是一直那么明显。但是，他为形成实践倾向的劳动过程的研究提供了重要观点，进行了回归《资本论》的资本主义客观唯物主义研究，大量而具体地研究了特殊行业（棉花、羊毛、陶器、面包和火柴制造等）和职业，尽管是以来自新的工厂调查员、议会报告和医生的二手分析为基础。

后布雷弗曼时期劳动过程理论的发展

后布雷弗曼时期争论的积极方面是对全部行业工作的以工厂为限度的研究。工厂安全研究详细描述了工作的实际情况，以及工人和管理者对资本主义社会关系主观的、生动的体验。它们在本质上提供了劳动过程的“控制—抵制—同意模式”，在这里所有的管理控制战略都产生了工人抵制策略和战略（Thompson and Ackroyd, 1995）。对工作中阶级的关注超出了马克思主义关注阶级意识的“程度”（degrees）。在20世纪60年代末和70年代初的争论中，阶级被看作“客观的”（objective）和“主观的”（subjective）成分之间的结合，这场争论被正确地抛弃，因为它在很大程度上陷入了一条死胡同。我们的论断是：摆脱工人阶级作为掘墓人的思想，缩小关注点，并且走向劳动行为者在实际劳动过程中实施的多种方式，这实际上源于劳动力的本质和资本主义劳动过程，它在结构上的对抗产生了不同背景下工人准确自治和抵制的不同方式（Edwards, 1986）。这种研究将劳动市场和劳动过程的相互作用结合起来，既是原来研究范围的扩大，又是原来研究范围的缩小，它强调了工作中抵制的多重意义。

尽管这种对《资本论》“更狭窄的”解读具有许多积极的方面，但是关注工厂以及技能损失和管理战略的动力趋向于失去与政治经济学的广泛联系。企图将两者联系起来的重要研究者之一就是麦克·布洛维（Michael Burawoy, 1979; 1985），他阐述了生产体制的类型，系统地将工作的微观分析（通过关于工作的丰富的、直接的人类学报告获知）与宏观政治经济学和国家体制联系起来——建立了生产的政治学，工作是它的核心。布洛维通过理论和实践的方法所做的，就是表明在特定社会经济条件下管理者的地位和各种管理体制。但是，他的工厂体制的概念制定得过于宽泛——确认在很长的历史时期，用特定的积累体制解释在这个历史时期的工厂社会关系。因此，它缺乏将积累体制与工厂动力结合起来的中观层面（meso-level）或中间的概念。近期企图建立政治经济学和工厂关系之间更为积极的联系的例子有：汤普森（Thompson's, 2013）关于"失去联系的资本主义"（disconnected capitalism）的研究，他跟踪了金融化对于工厂中劳动成果的消极影响；斯密（Smith, 2003; Liu and Smith, 2016）对于中国新兴的全球劳动体制和工人流动的分析；泰勒等（Taylor et al.，2015）对于全球价值 / 供应链和工人代理人的作用的研究。将这些研究综合起来看，最近研究的目标就是确认资本完全循环中的新的积累形式，同时保持与生产中的价值提取（value extraction）和劳动行为者的联系。这些研究承认受马克思《资本论》启发而对劳动过程进行的研究的价值。正如我们在下面一些部分所讨论的，这与互联网和社会网络产生的资本主义技术基础中的系统转变引发的，关于价值本质、资本主义的形式和劳动的物质与非物质本质的新思想存在部分矛盾。

资本和劳动转型了吗

认知资本主义理论（cognitive capitalism theory, CCT）是后福特主义积累体制（post-Fordist accumulation regimes）理论（在很大程度上并不会使人信服）的一个后继者。[①] 尽管受到知识经济和信息资本主义观点的影响，但是它具体的来源是意大利的（后）工人

① 部分内容来自 Thompson and Briken（2016）。

主义（operaismo）[①] 与法国管理学派影响的结合［关于传承与变化，参 见 Hardt and Negri（2000, 2009）、Vercellone（2007）、Moulier-Boutang（2012）、Boffo（2012）］。

这一理论的核心是，认知资本主义是资本主义的第三种类型（在重商主义和工业主义之后），具有明确的以知识价值为基础的积累体制（Moulier-Boutang, 2012: 57）。一种新的积累体制的特征就是资本与劳动的对抗关系以及源于它的冲突的深刻转变。以知识为基础的价值提取是不可能测量的，它是由"一般知识"（general intellect）通过社会合作劳动或在"公共领域"（突出的是通过网络和线上社区）的工作之外生产出来的，或者是由社会生活本身的生产中的"生命政治劳动"（biopolitical labor）生产出来（Hardt and Negri, 2009; Mason, 2016）的。由于使用价值丰富和再生产成本最小，所以稀缺性消失了，时间和注意力的稀有就突显出来了（Moulier-Boutang, 2012: 66, 72），同时信息总体上"侵蚀着价值"（corrodes value）和价格机制，特别是对于数字商品来说（Mason, 2016: 142-143）。任何以生产中的劳动时间、物质生产或产生商品的劳动为基础的阐述都面临着危机。

随着认知资本主义在抽象知识和学术力量中的增长，认知资本主义与"劳动屈从于资本的巨大变化相关，并表明劳动分工进入第三个阶段"（Vercellone, 2007: 15）。这种传统也有另一个特征，即试图确认一个基于特定的"阶级构成"（class composition）的劳动

---

① 工人主义指的是意大利在 20 世纪 60 年代和 70 年代形成的学术和政治传统，它在当代受到人们关注在很大程度上与哈特（Hardt）和内格里（Negri）的各种著作相关。后工人主义从广义上看，指的是这种传统在福特主义和集体工人之后的新时代中的发展。

的象征性形象。在当前时期，它就是非物质劳动；它有各种定义——理智的、情感的、相互沟通的或关联的，抑或被界定为促成商品的信息或文化内容。因此，存在着知识劳动或“扩散的知识”（diffuse intellectuality）的（质上的）霸权。

韦尔切洛内（Vercellone）通过运用马克思关于劳动的形式上从属与实际从属的讨论，阐述了这种变化。马克思使这种区分强调在现代工厂中利用资本使用机器和科学的方式，使新的、更有力的管理和价值提取机制克服了以前雇佣者缺乏一般管理方式的缺点，从而影响了实际的工作形式。[①] 所以，韦尔切洛内设想了劳动分工的三个阶段：早期工厂制度下的劳动的形式上从属；实际从属开始于工业革命，在标准化集体生产和福特主义时代的“斯密式”劳动分工中达到顶点；最后，实际上的从属在认知资本主义的普遍认知下被推翻。纯粹生理上的劳动力属于工业资本主义的福特主义或泰勒主义时代。与那个时代不同，认知和构想现在不再由资本占有，活劳动不再融入科学和机器中（Vercellone, 2007: 16）。

这些理论家中任何一位在某种程度上都具体提到了工作组织——专业化、标准化、规范化，并且所有人都认为对个人行为的管理兴趣在下降（Moulier-Boutang, 2012: 54, 65）。自治劳动在“测量之外”，也在管理之外（Hardt and Negri, 2009: 6）。除了强调数字化，对于任何与管理层级或公司有关的思想来说，它在很大程度上就是重复，它们取代市场和等级，并预示着一个后资本主义的未来后福特主义和公司形式或网络扁平化的主流商业理念（Moulier-Boutang, 2012: 61–65; Mason, 2016: xix）。

---

① 马克思，恩格斯. 马克思恩格斯文集：第 5 卷. 北京：人民出版社，2009：436.

尽管总体指资本主义，但这一论断在很大程度上依赖于解读数字工业的发展："数字、计算机和互联网就是新信息技术的标志，如同煤矿、蒸汽机、纺织机和铁路是工业资本主义的标志一样。"（Moulier-Boutang, 2012: 57）梅森强调"非市场生产在增长：扁平化分配的大众生产网络，并不是中心管理的，生产物品要么是完全自由的，要么是来源公开的——商业价值非常有限"，维基百科就是主要的例子（Mason, 2016: 143）。

尽管形式上的从属和实际上的从属是由马克思在《资本论》第 1 卷中通过分析劳动过程得出的，但是关于它的一般知识来源于《1857–1858 年经济学手稿》，特别是一系列没有完成的笔记——"关于机器的机器论片段"。在这里，设想在未来的某些时间，通过科学和技术形成的知识将成为财富的真正源泉，而不是生产中耗费的劳动。这将标志着转向共产主义的可能性。对于认知资本主义理论来说，时间已经到来（Vercellone, 2007: 15）。但是，也有对认知或信息资本主义矛盾的部分批判。其强调资本努力抵消价值规律在生产中引起的损失，其手段是在其他地方实施价值规律。资本在很大程度上通过以知识产权为基础的榨取租金的方式，运用它在网络中的垄断地位制造稀缺性（Vercellone, 2007: 33-34），或者剥夺了在更广泛的社会中从"一般知识"（general intellect）中产生的价值。利润与租金之间的区别消失了，资本变为纯粹"寄生性的"（Boffo, 2012: 261）。

批判 1：劳动的从属

与一般知识的霸权相联系的许多基本论断与劳动市场的趋势

明显相矛盾。低报酬、低技能的服务工作已经是增长的发动机，也有广泛的证据表明研究生水平的工作岗位减少，就业不足（CIPD, 2015）。关于就业的增长，最好的说法是两极化，专业和信息技术工作岗位的增长部分地抵消了低工资的服务工作。鉴于本章的关注点，我们集中论述劳动过程层面，特别是关于劳动分工的论断。自发的社会合作和自治的看法与关于工厂的研究几乎没有关系。关于任务的决定范围的任何（不均衡）增长都受到员工建言机制（employee voice mechanisms）的走低、有限范围的组织参与和更高的工作强度的约束（Findlay and Thompson, forthcoming）。正如从呼叫中心（call centres）到亚马逊仓储和零售的发展所表明的，劳动时间仍然是管理者关注的基本焦点。事实上，追踪和监控软件为F.W. 泰勒（F.W.Taylor）只能梦想的研究提供了工具。

这种趋势也与大的组织中绩效管理更大范围的增长有关系。在私人部门，它首先与级联的（cascading）、通常为惩罚性的目标相联系，在很多情况下受益于电子监控和更严格的工作（Taylor, 2013: 46–47）。已经非常流行的知识管理（knowledge management, KM），也是增强绩效公开（performance exposure）的一部分。知识管理对知识密集行业、创意劳动和合作劳动的核心地带特别重要。当然，这些特征是当前的，但与之相伴的是信息技术体制运用于捕捉、转化和规范专业劳动的隐性知识（tacit knowledge），由此将加速市场的创新或细分（molecule）（McKinlay, 2005）。

将信息技术体制运用于捕捉隐性知识现在是被广泛承认的数字化或以知识为基础的泰勒主义的一部分，也包括人工智能能够将活劳动融入机器体系中。布朗等人（Brown et al.，2011）将数字泰勒主义（digital Taylorism）看作将知识的提取、规范和数字化融入软件指令和工作知识。在制造过程中，这是由工程系统推动的，使全球运营公司“在世界范围计算、比较和统一过程”（Westkampfer, 2007: 6）。

最后，对当前的错误理解是由对过去的误读引起的——最突出的是，将资本主义的“工业阶段”认定为是以体力劳动为基础的，“缺乏任何知识或创造性特征”（Vercellone, 2007: 24）。正如马克思注意到的，劳动力常常是“体力和智力的总和”[①]。福特主义下不仅存在着大量设计、工程或其他类型的工作，而且那些主要涉及执行的工作仍然包含着雇主正在试图识别和利用的隐性知识。

批判 2：实际存在的资本

我们很少或根本不了解资本实际上在公司或价值链中是如何组织起来的，或者钱是如何通过特定的商业模式挣到的。同样重要的是，认知资本主义理论过高地估计了资本主义由以互联网为基础的公司界定和主导的程度。如果我们看一看关于主导全球经济的产业和公司的数据，就会发现尽管苹果公司是目前世界上最赚钱的公司之一，但是在收入或市值方面它不是最大的公司，并且其他许多“典型的”互联网公司也是处于边缘的。全球资本主义由能源、金融和电信 / 公用事业，以及有时是零售或烟草公司主导。考察埃克森美孚、沃尔玛或丰田是如何赚钱的，就会改变认知资本主义理论对于位于经济价值核心的非物质生产或零成本再生产的阐述。全球范围的和动态的价值链也是一个重要考虑因素，因为供应链的成本

① 马克思，恩格斯. 马克思恩格斯文集：第 5 卷. 人民出版社，2009：195.

控制（Froud et al.，2014），以及更具体的供应商的非常低的直接成本（Cleland, 2014），都是商业模式的主要因素。富克斯（Fuchs）在批判梅森的过程中，评述了这样一种看法，即价值在数字部门已经瓦解，利润是在生产创新、直接和间接劳动的使用以及（最重要的）定向广告（targeted advertising）基础上创造出来的。资本可以并且确实适应了技术变革，找到了在社会媒介和第二代互联网（Web 2.0）部门中赚钱和垄断的新方法（Tyfield, 2015）。将网络是核心协调机制作为关注点，几乎等同于幻想经济学（fantasy economic）。所有部门之间的主要趋势是资本集中（concentration of capital）。与全球共享的白日梦不同，集中在新媒体中或基于互联网的虚拟或垂直的融合中体现得尤其明显（Fitzgerald, 2015; Keen, 2015）。大众生产（peer production）和真正的共享经济计划存在于专业领域，而数字平台如优步和爱彼迎形成了分级的商业模式，运用弹性的（自我）就业，企图支配更传统的市场。这有力地证明很难在梅森的作品中找到任何除了维基百科之外的真正的、合作的大众生产的例子。将资本看作纯粹是寄生性的认识，掩盖了资本的力量和回归，并且这种看法会影响到任何试图分析资本实际运作的努力。确实，在一些部门，知识产权是价值获取的源泉，但是通过垄断寻租并不是资本主义的新特征，它也没有彻底解释公司在市场和价值链中如何运用它们的权力。

批判 3：生产之内和之外的价值

受自治主义影响的评论者捍卫劳动价值论或它的某个版本，但并不像在《资本论》中设想的那样：“自治主义观点强调‘劳动’

被理解为是生产价值的活动，已经走出了工厂和就业关系，并且它不再处于直接管理控制之下。”（Bohm and Land, 2012: 232-233）因此，他们认为劳动过程理论不可能再坚持认为劳动过程作为资本主义生产循环中的分析基点具有“优先地位”（Bohm and Land, 2012: 218）。相反，我们不试图捍卫劳动价值论（过去的或现在的）但是，确实认为劳动过程对于价值创造和价值提取来说仍然保持核心位置。劳动的组织和生产率常常是管理干预的焦点，以便把成本控制在公司的营业利润和有利的成本比率之内。这类干预是最重要的一些公司和供应商之间、那些公司相互间和公司内部的劳动者与资本之间为争夺同一只有限增值基金（value added fund）而进行的复杂斗争的一部分（Froud et al.，2014）。

但是，近来兴起的关于金融主导的积累体制（regimes of accumulation）的研究已经表明确实存在着资本循环的转变（Stockhammer, 2008; Thompson, 2013）。满足资本市场的要求和偿还债务的压力影响非金融公司关注通过金融提取的杠杆价值，关注与制造和运营投资的回报率相比较的资产。来自股东价值（shareholder value）的压力通过裁员（headcount reduction）、外包和供应链协调“将劳动者挤出”涉及和影响到了劳动过程；通过对报酬的向下压力，降低了劳动所占的比例；严格的绩效管理、级联的金融控制和工作强化导致劳动者更加辛苦（Cushen and Thomps on, 2016）。

这些考察也没有穷尽新价值创造实践的范围。威尔默特（Willmott）为后马克思主义强调循环领域提供了成功的案例（Willmott, 2010）。特别是，他强调金融化的另一面——无形资产（intangible assets）或“象征性的工艺品”（symbolic artefacts），最突出的是品牌资产的金融化。威尔默特以及其他一些受到阿维德森（Arvidsson, 2006）著作影响的学者（Fuchs, 2016），强调没有工资收入的用户—消费者（user-consumers）与有工资收入的工人如产品开发者、品牌经理、广告专家和设计师一起参与创造这些资产。用户消费者或生产性消费者（prosumers）通过在 Web 2.0 网站，如 Facebook、Trip Advisor 和 YouTube 上评价商品和服务来做出他们的贡献。

这种“影子工作”（shadow work）无疑间接推动了一些部门的价值生产。这些更宽泛的论断的问题在于，它们在本质上过分延伸了。它们采取了很多形式，包括夸大用户—消费者发挥重要作用的行业的数量和过高估计它在价值上的贡献。另外，无端的延伸源于将“社会生活总体中的价值”的观点运用于涵盖所有再生产劳动力的所有活动，如家务劳动和教育（Bohm and Land, 2012: 226），以及表面上在“互联网之外的”所有消费活动（Fuchs, 2016: 236）。富克斯将删除垃圾邮件、安装更新软件、在火车上工作、在网上约会平台上花费时间、自我组装宜家家具以及在餐厅使用自动取款机和自助酒吧活动都当作“生产性消费”。再生产和很多消费实践除了很难表明与价值生产的直接或可测量的联系之外，都不是新生事物，所以几乎不能或根本不能告诉我们关于资本主义的任何东西。

批判 4：劳动行为人和（不再）重建掘墓人命题

正如我们以前所表明的，生产政治学有两个样本：掘墓人命题及将动员与形式更为随意的工厂抵制和反抗结合起来的劳动过程的传统。本章考察的认知的或后资本主义的政治经济学样本倾向于改变墓地，同时对掘墓人也进行反思。尽管“反对工作的斗争”一度意味着挑战工作中的资本，但是现在这种斗争被认为已经走出工厂。后资本主义和后工作的政治学的规则特别依赖于乐观地解读有工资收入的工人的斗争。在梅森（Mason, 2016）及斯尔尼塞克和威廉姆斯（Srnicek and Williams, 2015）最近的阐述中，工人阶级（在发达国家和发展中国家经济中）被呈现为分散的、分裂的，并且受到消费和债务的束缚，同时工人运动在很大程度上是失败的、士气低落的和僵化的。

受到这些观点影响的大多数人并没有放弃“掘墓人”命题。工人主义传统已经从集体工人转向了社会化工人，最近又转向了“大众”（Hardt and Negri, 2009）。梅森赞同最近的设想，明确地将“掘墓人”这一术语确认为以“受到教育的和网络化的人”为基础的“新社会力量”和历史的“变革执行人”（Mason, 2016: xvii, 212）。他们的战场是“社会的所有方面”，并且可以在全球的城市广场和街道中找到证据。富克斯正确地将这些观点看作天真的（Fuchs, 2016）。富裕的、有权力的人也是（更好地）网络化的，并且一系列成分混乱的斗争并没有形成一个很大程度上具有共同利益或身份的行为者。不幸的是，后一点也适用于富克斯自己的掘墓人理论，全球集体工人（global collective worker）借此建立起来，因为“消费者和用户已经成为工人阶级的一部分”（Fuchs, 2016: 137）。

资本和生产过程并没有形成能够成为普遍的解放阶级的社会力量。但是，资本主义劳动过程确实产生了许多形成和促进工人斗争和组织形式多样化的条件。没有了掘墓人命题与工人运动的结合，就有可能更加现实地评估劳动行为人的多样性，更加深入地理解这些不满是如何激发的，并与更加广泛的斗争和社会运动联系在一起。

结论性评述

我们认为，尽管资本循环和劳动的特征已经发生了变化，但是关于“价值生产从有形商品的物质生产转向了社会关系、知识和感情的非物质生产”（Bohm and Land, 2012: 224）的论断与实际存在的资本与劳动正在发生的情况不相符。在《资本论》关于劳动过程的论述中，马克思将杰出的概念性观点与持续的经验观察结合起来，揭示了当代经济学家和其他评论者的意识形态上的扭曲。对自治论者和相关的观点进行实证批判是不容易的。这不是因为缺乏可供利用的相反的证据，而是因为对这些观点来说，规范取向（normative orientation）占据主导地位，并且对事实和数据的适用性采取“漫不经心的态度”（Jeon, 2010: 3）。例如，莫利耶–布当（Moulier-Boutang）注意到他的论断面临的挑战，但是对“实证的方法”（the empirical approach）嗤之以鼻，（与其他人一起）投靠到设想的“典型行业”（exemplary industries）或“范例研究”（paradigmatic work）（Moulier-Boutang, 2012: 54, 60）。

当不仅仅受到他们自己的政治意愿所推动的时候，一些过度投机的趋势正如先前所表明的那样，起源于对“机器论片段”的依赖。皮茨（Pitts）注意到，梅森的一些论断，例如“自动化将必要劳动降至很低的程度，甚至工作就是随意的”就代表了“片段高峰”（peak Fragment），继承了关于价值和劳动的弱点。一系列推理笔记构成一个“思想实验”（Mason, 2016: 188），“片断”已经成为“无休止的和模糊的注释”的基础（Turchetto, 2008: 306）。由于这个原因，它（以及《1857–1858 年经济学手稿》中的其他部分）必须被谨慎阐述，结合背景进行解读（Choonara, 2015）。不管马克思关于发展科学、技术和自动化的论断作为转向未来后资本主义的基础这一点具有什么样的适用性，很清楚我们脱离了这一点。正如我们已经表明的，价值获取不仅以传统的方式发生，它发生在所有非数字部门，而且资本在劳动过程之内和之外极为成功地找到了新的信息通信技术和社会媒体实现价值的新方法。在这个意义上，马克思强调商品形式在资本主义中不断扩张的观点仍然是有效的。

不承认这一点，诸如梅森提出的信息“腐蚀价值”或“瓦解市场和所有权”（Mason, 2016），或者我们已经进入“科学统治”的时代等一些先前的论断，很容易被指责为技术决定主义和乌托邦主义（Fuchs, 2016: 237; Pitts, 2015）。这些解读中不管哪种占据支配地位，都赋予（信息）技术并不拥有和不可能独立拥有的转型力量。在抛弃马克思对于科学和技术的社会特征与劳动分工的后果的批判过程中，《资本论》的激进主义遗产的主要方面也被错误地交给了历史。

参考文献

Arvidsson, A. (2006). *Brands: Meaning and Value in Media Culture*. Hove: Psychology Press.

Baldi, G. (1972). Theses on Mass Worker and Social Capital. *Radical*

America, 6(1): 3–21.

Boffo, M. (2012). Historical Immaterialism: From Immaterial Labour to Cognitive Capitalism. *International Journal of Management Concepts and* Philosophy, 6(4): 256–279.

Böhm, S.and Land, C. (2012). The New "Hidden Abode": Reflections onValue and Labour in the New Economy. *The Sociological Review*, 60(2): 217–240.

Bolton, S.C. (2004). *Emotion Management in the Workplace*. London: Palgrave Macmillan.

Brown, P., Lauder, H.and Ashton, D. (2010). *The Global Auction: The Broken Promises of Education, Jobs, and Incomes*. Oxford: Oxford University Press.

Burawoy, M. (1979). *Manufacturing Consent: Changes in the Labor Process under Monopoly Capitalism*. Chicago: University of Chicago Press.

Burawoy, M. (1985). *The Politics of Production: Factory Regimes under Capitalism and Socialism*. London: Verso.

Choonara, J. (2015). "Brand New, You're Retro", *International Socialism*, 48 (autumn).

CIPD(2015). Over-qualification and Skills Mismatch in the Graduate Labour Market. Chartered Institute for Personnel and Development, London.

Cleland, D. (2014). The Core of the Apple: Dark Value in Global Commodity Chains. *Journal of World Systems Research*, 20(1): 82–111.

Cooley, M. (1976). Contradictions of Science and Technology in the Productive Process. In H. Rose and S.P. Rose, eds., *The Political Economy of Science: Ideology of/in the Natural Sciences*. London: Macmillan Education, 72–95.

Cooley, M. (1980). *Architect or Bee?* Slough: Langley Technical Services.

Cushen, J.and Thompson, P. (2016). Financialization and Value: Why Labour and the Labour Process Still Matter. *Work, Employment &* Society, 30(2): 352–365.

Edwards, P.K. (1986). Conflict at Work. Oxford: Blackwell.

Findlay, T.and Thompson, P. (forthcoming). Work and its Meanings. *Journal of Industrial Relations*.

Fitzgerald, S. (2015). Structure of the CulturalIndustries-Global Corporation to SMEs. In K. Oakley and J.O'Connor, eds., *The Routledge Companion to the Cultural Industries*. London: Routledge, 70–85.

Froud, J., Johal, S., Leaver, A.and Williams, K. (2014). Financialization Across the Pacific: Manufacturing Cost Ratios, Supply Chains and Power. *Critical Perspectives on Accounting*, 25(1): 46–57.

Fuchs, C. (2010). Labor in Informational Capitalism and on the Internet. *The Information Society*, 26(3): 179–196.

Fuchs, C. (2016). Henryk Grossmann2.0: A Critique of Paul Mason's Book "Postcapitalism: A Guide to Our Future".*triple C: Commun-ication, Capitalism & Critique. Open Access Journal for a Global Sustainable Information Society*, 14(1): 232–243.

Gorz, A. (1967). *Strategy for Labour: A Radical Proposal*. Boston: Beacon Press.

Green, F. (2006). *Demanding Work: The Paradox of Job Quality in the Affluent Economy*. Princeton: Princeton University Press.

Hardt, M.and Negri, A. (2000). *Empire*. Cambridge, MA: Harvard UniversityPress.

Hardt, M.and Negri, A. (2009). *Commonwealth*. Cambridge, MA: Harvard University Press.

Jeon, H. (2010). Cognitive Capitalism or Cognition in Capitalism? A Critique of Cognitive Capitalism Theory. *Spectrum: Journal of Glohal Studies*, 2(3): 89–116.

Keen, A. (2015). *The Internet is Not the Answer*. London: Atlantic Books.

Lazonick, W. (1990). *Competitive Advantage on the Shop Floor*. Cambridge, MA: Harvard University Press.

Littler, C.R. (1982). *The Development of the Labour Process in Capitalist Societies: A Comparative Study of the Transformation of Work organization in Britain, Japan, and the USA*. London: Heinemann Educational Publishers.

Liu, M.and Smith, C. (eds.) (2016). *China at Work: A Labour Process Perspective on the Transformation of Work and Employment in China*. London: Palgrave.

Lucarelli, S.and Vercellone, C. (2013). The Thesis of Cognitive Capitalism. New Research Perspectives. An Introduction. *Knowledge Cultures*, 1(4): 15–27.

McKinlay, A. (2005). Knowledge Management. In S. Ackroyd, R. Batt, P. Thompson and P. Tolbert, eds., *The Oxford Handbook of Work and Organization*. Oxford: Oxford University Press, 242–262.

Management Today(2015). Sports Direct is under fire over working conditions (again). 5 October.

Marx, K. (1976). *Capital, Volume 1*. London: Penguin Books.

Mason, P. (2016). *Postcapitalism: A Guide to Our Future*. London: Macmillan.

Merkle, J. (1980). *Management and Ideology: The Legacy of the International Scientjic Management Movement*. Berkeley: University of California Press.

Moulier-Boutang, Y. (2012). *Cognitive Capitalism*. Cambridge: Polity Press.

Nelson, D. (1980). *Fredrick W. Taylor and the Rise of Scientific Management*. Madison: University of Wisconsin Press.

Noble, D.F. (1979). *America by Design: Science, Technology, and the Rise of Corporate Capitalism*. Oxford: Oxford University Press.

Pitts, F.H. (2015). Review of Paul Mason, *Postcapitalism: A Guide to Our Future. Marx & Philosophy: Review of Books*. 4.

Pitts, F.H. (2016). Beyond the Fragment: The Postoperaist Reception of Marx's Fragment on Machines and its Relevance Today. Working Paper No.02–16, University of Bristol School of Sociology, Politics and International Studies.

Smith, C. (1987). *Technical Workers: Class, Labour and Trade Unionism*. London: Macmillan.

Smith, C. (2003). Living at Work: Management Control and the Dormitory Labour System in China. *Asia Pacific Journal of Management*, 20(3): 333–358.

Smith, C. (2006). The Double Indeterminacy of Labour Power: Labour Effort and Labour Mobility. *Work, Employment and Society*, 20(2): 401–414.

Smith, C. (2015). Continuity and Change in Labor Process Analysis: FortyYears After Labor and Monopoly Capital. *Labor Studies Journal*, 40(3): 222–242.

Smith, C.and Liu, M. (2016). In Search of the Labour Process Perspective in China. In M. Liu and C. Smith, eds., C*hina at Work: A Labour Process Perspective on the Transformation of Work and Employment in China*. London: Palgrave, 1–28.

Sohn-Rethel, A.and Sohn-Rethel, M. (1978). *Intellectual and Manual Labour: A Critique of Epistemology*. London: Macmillan.

Srnicek, N.and Williams, A. (2015). *Inventing the Future: Postcapitalism and a World Without Work*. London: Verso.

Stockhammer, E. (2008). Some Stylized Facts on the Finance-dominated Accumulation Regime. *Competition & Change*, 12(2): 184–202.

Taylor, P. (2013). *Performance Management and the New Workplace Tyranny. A Report for the Scottish Trade Union Congress*. Glasgow: University of Strathclyde.

Taylor, P., Newsome, K., Bair, J.and Rainnie, A. (eds.) (2015). *Putting Labour in its Place: Labour Process Analysis and Global Value*

Chains. London: Palgrave.

Thompson, P. (1990). Crawling from the Wreckage: The Labour Process and the Politics of Production. In D. Knight and H. Willmott, eds., *Labour Process Theory*. London: Macmillan, 95–124.

Thompson, P. (2013). Financialization and the Workplace: Extending and Applying the Disconnected Capitalism Thesis. *Work, Employment and Society*, 25th Anniversary edition, 27(3): 472–488.

Thompson, P.and Ackroyd, S. (1995). All Quiet on the Workplace Front? A Critique of Recent Trends in British Industrial Sociology. *Sociology*, 29(4): 615-633.

Thompson, P. and Briken, K. (2016). *Kognitiver Kapitalismus. Wider Eine Fragfwürdige Diagnose*, West End, Frankfurt: IFS.

Thompson, P.and Smith, C. (2000). Follow the Redbrick Road: Reflectionson Pathways in and out of the Labour Process Debate. *International Studies of Management&Organization*, 30(4): 40–67.

Thompson, P. and Smith, C. (2009). Labour Power and Labour Process: Contesting the Marginality of the Sociology of Work. *Sociology*, 43(5): 913–930.

Turchetto, M. (2008). From “Mass Worker” to “Empire”: The Disconcerting Trajectory of Italian Operaismo. In J. Bidet and S. Kouvelakis, eds., *Critical Companion to Contemporary Marxism*. Boston: Brill, 285–308.

Tyfield, D. (2015). On Paul Mason’s “Post-Capitalism”—An Extended Review.

Vercellone, C. (2007). From Formal Subsumption to General Intellect: Elements for a Marxist Reading of the Thesis of Cognitive Capitalism. *Historical Materialism*, 15(1): 13–36.

Warhurst, C., Nickson, D., Witz, A.and Marie Cullen, A. (2000). Aesthetic Labour in Interactive Service Work: Some Case Study Evidence from the “New” Glasgow. *Service Industries Journal*, 20(3): 1–18.

Westkämper, E. (2007). Digital Manufacturing in the Global Era. In P.F. Cunha and P.G. Maropoulos, eds., *Digital Enterprise Technology: Perspectives and Future Challenges*. New York: Springer, 3–14.

Willmott, H. (2010). Creating "Value" Beyond the Point of Production: Branding, Financialization and Market Capitalization. *Organization*, 17(5): 517–542.

第 8 章

《资本论》和有组织的劳动

卡洛·法内利和杰弗·努南

资本是死劳动，它像吸血鬼一样，只有吮吸活劳动才有生命，吮吸的活劳动越多，它的生命就越旺盛。工人劳动的时间就是资本家消费他所购买的劳动力的时间。[①]

导言

资本主义的核心是探索新兴的世界资本主义，而不是工人的斗争问题或作为政治转型代理人的工会问题。尽管工会产生于工人阶级，但是它们并不代表这个阶级的整体利益或将资本主义社会转变为社会主义社会的人类长期利益。在本章中，我们探索《资本论》中很少提出的这些问题，进一步形成马克思关于工人作为转型的社会与政治力量的批判观点。尽管在生产场所里将工人组织起来不仅重要而且也是必需的，但是马克思（和恩格斯）认为如果有组织的工人不能与工会基层的地方主义达成妥协，就存在着阻碍形成政治

① 马克思，恩格斯. 马克思恩格斯文集：第 5 卷. 北京：人民出版社，2009：269–270.

与阶级的替代方案的危险。[①]挑战资本和国家的根深蒂固的权力需要发展以阶级为导向的工会，应对资本主义赖以建立的非民主和异化的结果，其方式也是在工人阶级作为整体的激进潜力之上建立的方式。但是，在这样做的过程中，工会会员将需要与资本主义政治和经济界限内的组织的结构约束达成妥协，形成以阶级为导向的追求社会公正和工厂民主的抵制现状的反主流文化。

尽管工会的历史和当前的领导权给因社会转型而形成的工会知情运动（union-informed movement）带来多种多样的问题，但是我们认为抛弃工会的激进潜能将是一个政治错误。尽管从特定方面来说是劳动工会、从总体方面来说是工人阶级在过去四十年里遭到重大挫败，但是数以百万计的工人属于工会会员仍然是事实——工会给他们提供了因社会转型而开展统一运动的明显空间。但是，正如马克思指出的，工会需要超越去政治化、经济主义的斗争，也就是将斗争目标局限于当前的工作条件、报酬和更严格的劳动市场监管，建立更广泛的工厂之外的团结，目标是超越奴役的社会关系。另外，这些生产地点的有限斗争隐约地与资本的基本原则相冲突：只有资本才能决定如何使用和处理它通过剥削和异化得到的剩余。我们认为，左派的主要任务必须是勾勒出这里隐含的激进主张，将控制更多剩余价值的成功斗争与争取社会主义的长期斗争结合起来。既然工人的利益和关系超出了工厂之外，那么有报酬的就业不是劳动者与资本之间斗争的唯一温床，争取社会主义的长期斗争是

① 应该说，恩格斯不仅开阔了马克思的理论视野，同时为工人阶级政治研究工作做出了无价贡献。这里，我们单独提及马克思时，应该附加指出，他深深地受到恩格斯的影响，的确，在某些程度上他直接运用了恩格斯的劳动成果（马克思恩格斯文集：第1卷. 北京：人民出版社，2009）。

争取民主的长期斗争的一部分，即马克思的著作做出不可替代的贡献的斗争的一部分。如果说阶级意识的直接诉求似乎在今天看来太 19 世纪了，那么对民主的诉求似可产生共鸣。我们由此表明，重塑工会和社会主义斗争的目标是反对越来越主张寡头政治和摧毁生命的那些财富精英的民主斗争中的关键因素。

资本与劳动之间的对抗

迈克尔·莱博维奇（Michael Lebowitz）在他的颇有影响的著作《超越〈资本论〉：马克思的工人阶级政治经济学》（*Beyond Capital: Marx's Political Economy of the Working Class*）的开头就断言："《资本论》的实质是谈资本，这才是目标，《资本论》也努力实现了这个目标。它的主题既不是工人（只是提到了资本对工人的影响），也不是工人的目标（只是提到了它们与资本的目标不同），更不是工人的阶级斗争（只是提到了工人受到资本侵犯时的反抗）。即使马克思在《资本论》中偶尔谈到工人，这些也是悬而未决的，并没有像对资本的讨论那样提出合乎逻辑的证明材料。"①

莱博维奇在这里回到了首先由葛兰西简要探讨的主题上，他在分析俄国革命中声称这场革命是"反《资本论》"的。对于葛兰西来说，《资本论》已经受到"实证主义和自然主义"（positivism and naturalism）破坏，忘记了"历史的主要决定者不是死气沉沉的经济学，而是人；社会由人构成，人都有一些共同的东西，在一起相处时，由于这种礼仪而形成了一种集体的社会愿望"（Gramsci,

① 莱博维奇. 超越《资本论》：马克思的工人阶级政治经济学. 崔秀红，译. 北京：经济科学出版社，2007：4.

1917)。布尔什维克在抛弃了历史的阶段理论，领导在“落后的”俄国的革命的时候，也就抛弃了资本主义发展的“规律”(参见本书施密特及科尔西卡所写的部分)。

有人可能回应说，《资本论》将阶级斗争移出了中心舞台毫不奇怪，它的关注点是劳动产生价值和剥削劳动产生剩余价值的内部过程——掩盖了工人必须理解他们的斗争是否有效这一事实。但是，莱博维奇和葛兰西正确地认为，缺乏对阶级斗争的关注就意味着《资本论》是片面的。实际上，资本能够得到的剩余劳动转化为剩余价值的量，以及工人必须得到补偿的比率(这会影响利润率)，并不是资本本身的内在动力的纯函数，而是受到阶级斗争的决定性影响。因为受资本主义剥削的劳动力与人是不可分离的，并且人在受到伤害时就会反抗，所以工人从来不仅仅是经济过程中被动的客体，也不仅仅是他们所发挥作用的“人格化”[①]，他们作为活生生的主体会反抗。

莱博维奇认为，《资本论》中“有着严重的沉默”“这相当于默认经济中唯一的主体……是资本，资本成长，超越一切障碍，得到发展——直至资本最终失去优势并由此被研究者的更有效的机制所替代”[②]。如果这种分析不定位于马克思的整体著作，其关注点是阶级斗争和人们在决定主义的环境中追求自身利益的联合行动所决定的社会状况，那么随之而来的就是机械的、决定论的、非辩证的和不民主的马克思主义。他认为，“如果局限于《资本论》，我们就只有资本的机械的规律，一个没有主体的结构，一种片面

① 马克思，恩格斯. 马克思恩格斯文集：第 5 卷. 北京：人民出版社，2009：178.

② 莱博维奇(2003：25)。中文版参见：莱博维奇. 超越《资本论》：马克思的工人阶级政治经济学. 崔秀红，译. 北京：经济科学出版社，2007：34。

的马克思主义”（Lebowitz, 1992: 149）。片面性忽视了这样的事实，即争取社会主义的斗争在本质上并不是要争取一套不同的经济规律，而是要争取最大限度地满足人类基本的自然和社会需要的不同生活方式。

根据莱博维奇的看法（Lebowitz, 2003: 27–28），马克思打算在关于雇佣劳动那一卷里解释阶级斗争在资本主义运行中的作用，但他没有写这一卷。对于马克思是否在形式上放弃《资本论》最初的六册计划这一“马克思学的问题”（Marxiological question），我们不感兴趣。相反，像马克思在他的政治著作中通常所做的那样，也像莱博维奇做的那样，当我们认真地考察资本主义范围内争取更短工作日、更高实际工资以及通过公共供应使生活必需品可全民获得的斗争时，我们对以下的实践问题感兴趣，即我们为社会主义而进行的斗争是什么样子的。当我们认真考察这些问题时，我们发现，争取社会主义的斗争既不是资本主义内在规律发生作用的必然结果，也不是唯意志论的、孤注一掷的、彻底的革命运动的结果，而是为劳动人民安排一系列更好的或更糟糕的生活的过程，这个过程是由劳动人民能够对于生产过程加以民主控制的程度决定的，是由他们能够得到的异化劳动之外的时间数量决定的，是由他们能够满足自身作为人的生活需要的程度决定的，是由私人的资本积累被重新导向生活需求满足者，即公共供应的程度决定的。

这些斗争发生在资本主义社会的发展过程中，但也会反过来针对它们自身，调整它们自身对人们实际生活的影响。资本主义下劳动人民的生活可能是更好还是更坏，依赖于他们的斗争是否成功。马克思在《资本论》中解释的资本主义的规律实际上并不是独立于人们的联合行动而存在的力量（如果它们是这样的，那么它们可能从来不会被推翻，只会将自己转变为不同的规律或永久存在下去）。自然规律和社会规律的区别是后者源于人类的行动和交往，当这些交往模式变化时，社会规律也会发生变化（参见本书戈斯和保尔森所写的部分）。正如马克思本人在《资本论》中注意到的，“经济范畴……带有自己的历史痕迹”①，尽管马克思本人在《资本论》中并没有一致地遵循这种观点的内涵，常常将资本主义发展看作受到“铁的规律”（iron laws）的支配，但是我们必须将由历史唯物主义方法得出的在哲学语境中形成的论断解读为像上述所揭示的那样，它的基本原则就是人类最终成为一个自我决定的主体。② 所以，人类中的被剥削者和被异化者使自己脱离异化和剥削所做的任何事情都是相关的，这些阶级斗争借助的组织也是相关的，以防它们不能及时直接被引向推翻资本主义。根据我的看法，重要的是在于这些斗争的目标是否旨在减少资本对于人类生活的结构性权力，而不在于其是否由工会或革命党所领导，或者是否明确将目标定在短期革命，抑或只是要在资本主义中明显改善人们的生活。

尽管马克思对阶级斗争的作用并没有进行完整的描述，但是《资本论》开始排除了以前许多想当然的关于资本—劳动关系的假定。首先，马克思表明：

> 资本主义生产过程的动机和决定目的，是资本尽可能多地自行增殖，也就是尽可能多地生产剩余价值，因而也就是资本家尽可能多地剥削劳动力。随着同时雇用的工人人数的

① 马克思，恩格斯. 马克思恩格斯文集：第 5 卷. 北京：人民出版社，2009：197.
② 同 ①，88.

> 增加，他们的反抗也加剧了，因此资本为压制这种反抗所施加的压力也必然增加。资本家的管理不仅是一种由社会劳动过程的性质产生并属于社会劳动过程的特殊职能，它同时也是剥削一种社会劳动过程的职能，因而也是由剥削者和他所剥削的原料之间不可避免的对抗决定的。①

像本章开始引用的那一段一样，马克思在这里关注支配资本积累的历史的、具体的社会关系。当然，对资本家来说，生产商品的目标就是取得利润。在马克思之前，古典政治经济学的许多传统假定利润源于贱买贵卖的行为。大卫·李嘉图与较小程度上的亚当·斯密（Adam Smith）的劳动价值理论最为接近，但是并没有区分劳动与劳动力（参见本书帕特奈克写的部分以及汤普森和史密斯所写的部分）。马克思表明了工人如何得到他们在某一时期的劳动力的报酬，而不是得到他们的劳动在这个时期所生产的所有东西。工人生产的剩余价值超过被他们支配的报酬，他们生产的产品和服务将在市场中实现，但这些都属于资本家。马克思在《资本论》中表明利润（剩余价值）来源于这种差异。

这种以阶级为基础的结构性不平等导致工人“自由”有着双重意义：第一，他们本身既不像奴隶、农奴等那样直接属于生产资料之列，也不像自耕农等那样有属于自己的生产资料；相反，他们脱离生产资料而自由了，同生产资料分离了，失去了生产资料。② 换言之，他们自由地出卖他们的劳动力，不受可能束缚他们出卖劳动力的任何社会经济关系的限制。第二，他们不占有或控

① 马克思，恩格斯. 马克思恩格斯文集：第 5 卷. 北京：人民出版社，2009：384.
② 同 ①，821.

制任何生产资料，为了生存必须出卖自己的劳动力。第三，这使得劳动力也成为商品，能够在市场上买卖，“把工人阶级当作靠工资过活的阶级”[①]，他们的价值是由社会生存规则决定的。尽管“劳动力的价值，就是维持劳动力占有者所必要的生活资料的价值”[②]，但市场的压力迫使资本家将实际工资压低到生存水平之下。像不断的技术发展会导致大量的失业和实际工资下降（参见《资本论》第 15 章）一样，“过剩的工人人口是积累或资本主义基础上的财富发展的必然产物……过剩的工人人口形成一支可供支配的产业后备军，它绝对地从属于资本，就好像它是由资本出钱养大的一样……为不断变化的资本增殖需要创造出随时可供剥削的人身材料”[③]。

《资本论》力图反对流行的正统自由主义政治经济学，表明市场并不是由机会和选择支配的，社会阶级之间的对抗是这种剥削的基础。经济强制与政治要求是资本积累的驱动力。正如伍德（Wood, 2003）认为的，资本主义的物质生活和社会再生产普遍受到市场干预，甚至所有的个人为了以这种或那种方式获得生活资料，必须建立市场关系。尽管资本主义阶级关系给人唯一的印象就是劳动者可以“‘自由’出卖劳动力”[④]，但是，市场依附就是一种制度化的强制：

① 马克思，恩格斯. 马克思恩格斯文集：第 5 卷. 北京：人民出版社，2009：670.

② 同 ①，199.

③ 同 ①，728–729.

④ 同 ①，346.

资本有选择，而工人就没有。[①] 马克思在资本主义非自然化过程中，表明不平等的社会关系如何不是超越历史的或不可改变的，而是植根于资本主义的具体历史要求的，即对活劳动的吸血鬼般的盘剥、残酷的竞争和劳动的理性。根据马克思的观点，为了挑战工人的从属地位，有必要承认工会的进步性和政治上的局限性："应当摒弃'做一天公平的工作，得一天公平的工资！'这种保守的格言，要在自己的旗帜上写上革命的口号：'消灭雇佣劳动制度！'"[②]

超越工会

资本主义社会关系在 19 世纪占据更突出的地位，也就是说，更多的农民离开或被迫离开了农村，成为依赖于工资收入的工人——传统的手工劳动和包买制（putting-out system）被城市中工业化工厂的积聚（concentration）取代。对于不安全的和总体恶劣的工作条件，恩格斯在《英国工人阶级状况》（*The Condition of the Working Class in England*）中进行了生动描述，工人越来越多地开始组织起来加入工会，努力抵制不受约束的剥削。这种抵制不仅受到那些组织民兵来

① 马克思总结道："正常工作日的确立是资本家阶级和工人阶级之间长期的多少隐蔽的内战的产物。"（马克思，恩格斯. 马克思恩格斯文集：第 5 卷. 北京：人民出版社，2009：346.）他后来注意到："因此，使生产者转化为雇佣工人的历史运动，一方面表现为生产者从农奴地位和行会束缚下解放出来；对于我们的资产阶级历史学家来说，只有这一方面是存在的。但是另一方面，新被解放的人只有在他们被剥夺了一切生产资料和旧封建制度给予他们的一切生存保障之后，才能成为他们自身的出卖者。而对他们的这种剥夺的历史是用血和火的文字载入人类编年史的。"（马克思，恩格斯. 马克思恩格斯文集：第 5 卷. 北京：人民出版社，2009：822.

② 马克思，恩格斯. 马克思恩格斯文集：第 3 卷. 北京：人民出版社，2009：78.

暴力镇压工人的行业领袖的反对，而且也受到“统治阶级的议会”[①]的反对（这些“统治阶级的议会”有时领导、有时为资本创造条件来引领形成有利于资本积累的条件）；更不用说，各种信仰的激进分子拒绝承认工会在反对资本主义中的重要性。

对马克思来说，工人的工会化表明工人初步试图“在就业工人和失业工人之间组织有计划的合作，来消除或削弱资本主义生产的那种自然规律对他们这个阶级所造成的毁灭性的后果”[②]。因为工会是工人旨在约束竞争的第一次尝试，所以马克思承认在他们的要求中存在着既定社会条件下体现一种能够挑战资本权力的解放力量的可能性。因为工人一起斗争，工会逐渐开始形成一种抵制的反文化，成为纲领性要求、大众教育和集体战略的指导框架。这不仅开启了在提高工资斗争的过程中提高当时的生活条件、缩短工作日、消除童工现象、尊重监狱工人、收集工厂统计数据和安全保护立法的可能性，而且创造条件使工会成为“消灭雇佣劳动制度本身和消灭资本权力的一种有组织的力量”[③]。

让我们举例来说明工会的潜能。毫不意外，这个例子是《资本论》没有关注阶级斗争的原则的例外：马克思历史性地分析了为争

① 马克思，恩格斯. 马克思恩格斯文集：第 5 卷. 北京：人民出版社，2009：568.

② 同 ①737. 正如马克思早些年提到的：“工会的直接任务仅仅是适应日常的需要，力图阻止资本的不断进攻，一句话，仅仅是解决工资和劳动时间的问题。工会的这种活动不仅是合法的，而且是必要的。只要还存在着现代生产方式，就不能没有这种活动。不仅如此，这种活动还应当通过各国工会的建立和联合而普遍地开展起来。另一方面，工会已经不知不觉地变成了工人阶级的组织中心。”（马克思，恩格斯. 马克思恩格斯全集：第 16 卷. 北京：人民出版社，2007：220.）

③ 马克思，恩格斯. 马克思恩格斯全集：第 16 卷. 北京：人民出版社，2007：220.

取更短工作日的斗争，工会在这种斗争中发挥了决定性作用。我们不可能重构马克思论断的具体细节，而是想要关注它的一般结构，支持认为工会和资本主义内部斗争具有相关性的观点，最终战胜我们正在创造的资本主义。推动资本家延长工作日的是强加给他们的资本主义的竞争压力。从资本的观点看，“工人终生不外就是劳动力，因此他的全部可供支配的时间，按照自然和法律来说都是劳动时间，也就是说，应当用于资本的自行增殖。至于个人受教育的时间，发展智力的时间，履行社会职能的时间，进行社交活动的时间，自由运用体力和智力的时间，以至于星期日的休息时间（即使是在信守安息日的国家里）——这全都是废话！”[①]

当然，对于作为主体的工人来说，教育和社会交往并不是他们将为之斗争的空想的奢侈品，而是人类的必需品，不管资本主义积累的客观需要是什么。

> 资本经历了几个世纪，才使工作日延长到正常的最大极限，然后越过这个极限……此后，自 18 世纪最后三十多年大工业出现以来，就开始了一个像雪崩一样猛烈的、突破一切界限的冲击。习俗和自然、年龄和性别、昼和夜的界限，统统被摧毁了……工人阶级一旦稍稍清醒过来，就开始进行反抗。[②]

所以，不是资本主义积累在体制上的要求机械地决定工作日，相反，实际工作日是当时由英国工会领导的阶级斗争的产物。“资本家要坚持他作为买者的权利，他尽量延长工作日……另一方面，这个已经卖出的商品的独特性质给它的买者规定了一个消费的界

---

① 马克思，恩格斯. 马克思恩格斯文集：第 5 卷. 北京：人民出版社，2009：306.
② 同 ①，320–321.

限，并且工人也要坚持他作为卖者的权利，他要求把工作日限制在……于是这里出现了二律背反，权利同权利相对抗……在平等的权利之间，力量就起决定作用”[①]（这里缺乏的只是搞清楚劳动力商品的“独特性质”是什么）。

独特性质当然是由这样的事实构成的，即劳动力常常与一个活生生的、能够与工友（fellow labourer）联合起来改变他们生活条件的人相联系，而不是毫无生气的东西（尽管资本努力这样构建它）。工人是人，能够感觉到他们受到的剥削和异化，并对侵犯他们作为人的尊严和利益的伤害进行反抗。根据这种观点，限制工作日的斗争并不是机械地反对资本主义法律，而是有意识地努力建立教育、自我发展、相互交往、文化修养的自由时间。[②]正如莱博维奇所指出的：“在自由时间内发生的是生产过程，是自然和工人的能力在其中被改变的过程。它是‘个人的全面生产的时间’”（Lebowitz, 2003: 68）。如果社会主义的全部意义是替代一个需要—满足屈从于资本积累的社会，是保证资源和社会制度能够以对于行为者有意义和对其他人的生活有价值的活动形式使人们迈向一个无限制的人类未来，充分展现和享受人类生活，那么将普通人的一生从异化劳动中解放出来的斗争不可能被看作与总体计划不相关，即使它们不会导致资本主义被革命性推翻，这恰恰是因为它们在有限的程度上实现了社会主义替代资本主义的斗争所希望绝对实现的目标：满足全面实现自我的自由的社会条件。

另外，正如马克思正确地认为的那样，尽管有必要组织生产

① 马克思，恩格斯. 马克思恩格斯文集：第 5 卷. 北京：人民出版社，2009：271–272.

② 更多关于自由时间在自由人类生活的核心地位，参见 Noonan，2009；2012。

地点的工薪工人，但是如果工会没有将这种政治动力推向工厂之外，它可能潜在地阻碍了未来的收获。这意味着每一个将表面上的“经济上的”利益转变为“政治上的”利益的缺口机会，都可以使一小部分工人的进步转变为整个阶级的更大部分工人的进步。尽管产业工会越来越大、越来越有组织性，但是没有将这些收获普及到非工薪收入的人，特别是妇女和少数民族 / 族群，这将加深目前工人阶级之间的分裂（参见本书费德里西所写的部分）。这起着双重作用。第一，它激起了工人阶级内部对于“工人贵族”（labour aristocracy）的仇恨，后者明显以牺牲没有参与工会和不付酬劳动的人的利益而受益；第二，它将一些工会引入希望这种改善会持续下去的、与资本（受到声称“中立”的国家的干预）形成的“伙伴关系”（partnership）中。

工会斗争的矛盾很好地体现在争取更高实际工资的斗争中。争取更高实际工资的斗争不仅是“经济主义的斗争”（economistic struggle）——将更多的钱放进作为单个消费者的工人的口袋里，也是为了满足人类的生活需要而反对他们依赖于资本的斗争。像为了争取自由时间的斗争一样，它是一场资本主义范围内反对资本和资本家控制人类生活的斗争。“工人为了满足他们多方面需要的斗争因此是反对资本在社会中作为干预者的地位的斗争。它们是阶级斗争……而不是只反对特殊资本的斗争，它们是反对作为总体的资本的斗争”，尽管它们在当时的形式是反对这个或那个公司（Lebowitz, 2003: 186）。在提高实际工资上的任何成功都意味着（由工人集体劳动生产的）经济财富从私人资本积累领域流向工人，使他们可以更好地满足自身作为人的基本需求（它在资本中是典型的有价格的商品）。[1]生活是好还是坏，在某种程度上取决于他们享有的生活能力。生活能力的享有和体现的前提是满足生活需要。资本将满足人的需要屈从于它自身再生产和扩张的条件。只有将反对这些力量的斗争结合起来，才能保证工人更好地满足他们的需要，实现他们的生活能力。所以，争取更高的实际工资的斗争可以在物质上提高工人在资本主义下的生存条件和生活水平，因此是反对资本主义对于生活条件控制的总体斗争的核心组成部分，是走向社会主义的斗争的核心组成部分。

但是，对于马克思和恩格斯来说，悖论在于，尽管激进的主张是通过缩短工作日而不是形成工人作为阶级组织的能力，将生活时间（life-time）从资本中解放出来，但是工会将资本的逻辑融入工会实践中（例如，将工资收益与生产率增长绑在一起，鼓励竞争而不是取消工资—劳动体制）。换言之，尽管工会产生于工人阶级，但是它们并不代表整个工人阶级的利益，而是代表它们自己成员的本位主义利益。尽管一些法律上的和社会上的利益扩展到了没有参与工会的和没有工资收入的人，但是在马克思看来，他们常常处于危机中并受到打击。工会狭隘地将它们的精力放在使工人的劳动力商品的价值最大化上，越来越与不断削弱将这些收益扩展到没有参与工会的和没有工资收入的人、扩展到那些参加工作但并没有因此得到报酬的人（例如，

---

① 这个结论假定货币没有被破坏环境的消费行业又重新夺回。莱博维奇的观点（以及马克思在这个问题上的观点）的连贯性依赖于明确区分单纯的使用价值和生活价值。生活价值由约翰·麦克默特（John McMurtry）首先提出。生活价值就是它或者满足实际生活需要，或者享有核心生活能力的表现（McMurtry, 2011: 214）。为了在这里阐述相关的观点，举例说明：氰化物有使用价值，但是当它被用于反人类时，就没有使用价值，因为它的一次使用将会使人毙命。我在这里没有时间深入研究它，对于这个观点的全面捍卫，参见 Noonan（2011）。

负责社会再生产的看护者和家务工作者）的体制性趋势不相容。[①]

总体上，这些压力使工会去政治化和去阶级化，同时将工人融入资本的附属轨道内。[②]这伴随着北美和欧洲的工会与接受资本逻辑的社会民主党进行总体融合（以及在一些情况下进行选举）（参见 Fanelli, 2015）。所以，选举图景使阶级取向的、试图超越资本主义社会关系的工人斗争边缘化，支持渐进主义（incrementalism）和工会成为它自身的目的。[③]对马克思来说，当工会仅仅关注工厂中的利益，特别是那些在本质上属于经济利益的利益时，脱离参加工会的利益将会引起工人阶级的不满。并且，尽管工会利益常常转化为来自资本的一些妥协或法律上赋予没有参与工会的人和没有工资收入的人的利益，但是这些将趋向与促进它们形成的执政党而不是阶级

① “在那些尚未受工厂法约束的工厂和手工工场里，在所谓旺季，由于突如其来的订货，周期性地盛行着骇人听闻的过度劳动。在工厂、手工工场和商店的那些外部分支机构里，即在本来就极不规则的家庭劳动领域里，原料和订货完全取决于资本家的情绪，在这里，资本家根本不用去考虑厂房、机器等的利用问题，而只是拿工人的生命去冒险。这个领域，正系统地培育着一支随时可供支配的产业后备军，这支后备军在一年的一部分时间里由于被迫从事非人的劳动而遭到摧残，在另一部分时间里则由于没有工作而穷困堕落。”（马克思，恩格斯. 马克思恩格斯文集：第 5 卷. 北京：人民出版社，2009：550.）

② 正如马克思所说，“工会过多地与资本只是进行地方的直接的斗争，它们还没有充分意识到它们是反对雇佣奴隶制度本身的一种多么大的力量。因此它们几乎完全不过问一般的社会运动和政治运动”（马克思，恩格斯. 马克思恩格斯全集：第 16 卷. 北京：人民出版社，2009：220.）。

③ “工会是少数工人贵族的。越穷的工人越不可能加入它们：受到日常从乡村到城市的经济发展驱动的大量工人，仍然长期留在工会之外，他们中的最穷的那部分人从来不属于它们。同样的情况出现在伦敦的最东端，在那里只有十分之一的人属于工会。农场工人、临时工（the day laborer）从来不属于这些工会。孤立的工会是没有什么力量的——它们仍然是少数派。它们并不属于它们背后的大量无产阶级。”（Marx in Lapides, 1987: 82）

斗争联系在一起。

尽管工厂内部的斗争、保护法以及后来的“福利国家”使资本主义剥削最严重的地方被削平（尽管这是对越来越有限的工人来说），但是它并没有使应该被取消的主要东西终结：

> 劳动力必须不断地作为价值增殖的手段并入资本，不能脱离资本，它对资本的从属关系只是由于它时而卖给这个资本家，时而卖给那个资本家才被掩盖起来，所以，劳动力的再生产实际上是资本本身再生产的一个因素。因此，资本的积累就是无产阶级的增加。①

对于马克思来说，如果工会想有一个进步的未来，它们需要认识到：尽管它们可以在工资体制下进行谈判，但是它们不可能逃避那些阻碍持续提高工资、工作与生活条件的政治的和经济的力量，因为这是源于资本积累的结构剥削。工会面临的挑战是同

---

① 马克思，恩格斯. 马克思恩格斯文集：第 5 卷. 北京：人民出版社，2009：707–708. 正如马克思在《资本论》中注意到的：“在工人自己所生产的日益增加的并且越来越多地转化为追加资本的剩余产品中，会有较大部分以支付手段的形式流回到工人手中，使他们能够扩大自己的享受范围，有较多的衣服、家具等消费基金，并且积蓄一小笔货币准备金。但是，吃穿好一些，待遇高一些，特有财产多一些，不会消除奴隶的从属关系和对他们的剥削，同样，也不会消除雇佣工人的从属关系和对他们的剥削。由于资本积累而提高的劳动价格，实际上不过表明，雇佣工人为自己铸造的金锁链已经够长够重，容许把它略微放松一点。”（马克思，恩格斯. 马克思恩格斯文集：第 5 卷. 北京：人民出版社，2009：713–714.）这也与他早期在《1844 年经济学哲学手稿》中的观点是相同的：“强制提高工资（且不谈其他一切困难，不谈强制提高工资这种反常情况也只有靠强制才能维持），无非是给奴隶以较多工资，而且既不会使工人也不会使劳动获得人的身份和尊严。”（马克思，恩格斯. 马克思恩格斯文集：第 1 卷. 北京：人民出版社，2009：167.）

时改善它们的成员的工作条件，并且将这些利益扩展到没有参加工会的人、失业者和没有工资收入的人，作为激发社会主义阶级意识的一部分。如果工会不努力拓宽它们的目标，提出代表所有社会上的受压迫者的主张，并和这些受压迫者保持一致，那么工会就有退化为特权阶层的反动的俘虏的危险，推动工人阶级明显地分裂，阻碍工人阶级的政治发展。工会不是要采取治标措施，而是必须克服顽疾：

> 不管工会的最初目的如何，现在它们必须学会作为工人阶级的组织中心而自觉地进行活动，把工人阶级的彻底解放作为自己的伟大任务。工会应当支持这方面的任何社会运动和政治运动。它们承认自己是并且以实际行动表现出自己是整个工人阶级的代表和为工人阶级利益而斗争的战士，因而有义务把没有组织起来的工人吸引到自己的队伍中来。它们应该特别关怀那些报酬最少的生产部门的工人的利益，例如农业工人，他们由于不利的条件而处于完全孤立无援的境地。工会应该向全世界证明，它们绝不是为了狭隘的利己主义的利益，而是为了千百万被压迫者的解放进行斗争。①

重要的是要注意到，也正如哈尔·德雷珀（Hal Draper, 1978: 99）已经提醒我们的，对马克思来说，“工会运动不是工人阶级道路的终点”。这就是说，它不是工人阶级的前进道路上革命的先锋队，而是构建能够超越资本主义社会关系的组织上和政治上的才能的关键因素。正如马克思和恩格斯一生都在强调的：“工人阶级的解放应当是工人阶级自己的事情。所以，我们不能和那些公开说什

① 马克思，恩格斯. 马克思恩格斯全集：第 16 卷. 北京：人民出版社，2007：221.

么工人太没有教养，不能自己解放自己，因而必须由仁爱的大小资产者从上面来解放的人们一道走。”①

尽管马克思承认工会有进步的可能，但是他对其政治上的局限性也持乐观的态度：“工联作为抵制资本进攻的中心，工作颇有成效……总的说来，它们遭到失败是因为它们只限于进行游击式的斗争以反对现存制度所产生的结果，而不同时努力改变这个制度，不运用自己有组织的力量作为杠杆来最终解放工人阶级，也就是最终消灭雇佣劳动制度。”②马克思充分认识到资本—劳动关系远远延伸到了支付报酬的就业范围之外。并且，尽管阶级剥削处在马克思分析的核心地位，但是这从一开始就是一个交叉阶级（intersectional class）的方法（尽管不完善）。“马克思的成熟的社会理论围绕着

① 马克思，恩格斯. 马克思恩格斯文集：第 3 卷. 北京：人民出版社，2009：484. 正如马克思（1864，在恩格斯的引导下）所说：“鉴于：工人阶级的解放应该由工人阶级自己去争取；工人阶级的解放斗争不是要争取阶级特权和垄断权，而是要争取平等的权利和义务，并消灭一切阶级统治；劳动者在经济上受劳动资料即生活源泉的垄断者的支配，是一切形式的奴役的基础，是一切社会贫困、精神沉沦和政治依附的基础；因而工人阶级的经济解放是伟大的目标，一切政治运动都应该作为手段服从于这一目标；为达到这个伟大目标所做的一切努力之所以至今没有收到效果，是由于每个国家里各个不同劳动部门的工人彼此间不够团结，由于各国工人阶级彼此间缺乏亲密的联合；劳动的解放既不是一个地方的问题，也不是一个国家的问题，而是涉及存在现代社会的一切国家的社会问题，它的解决有赖于最先进的国家在实践上和理论上的合作；目前欧洲各个最发达的工业国工人阶级运动的新高涨，在鼓起新的希望的同时，也郑重地警告不要重犯过去的错误，要求立刻把各个仍然分散的运动联合起来；鉴于上述理由，创立了国际工人协会。协会宣布：加入协会的一切团体和个人，承认真理、正义和道德是他们彼此间和对一切人的关系的基础，而不分肤色、信仰或民族；协会认为：没有无义务的权利，也没有无权利的义务。”（马克思，恩格斯. 马克思恩格斯文集：第 3 卷. 北京：人民出版社，2009：226–227.）

② 马克思，恩格斯. 马克思恩格斯文集：第 3 卷. 北京：人民出版社，2009：78.

一个总体概念，不仅为特殊性和差异性提供大量的范围，而且使这些特殊因素（种族、民族或国家）成为总体的一个决定要素”（Anderson, 2010: 244；也可参见 Brown, 2013）。

如果有组织的劳动有一个进步的未来，它需要将其斗争定位于解放整个工人阶级的政治上，将工会行为主义与社会主义作为革命计划的一部分联系起来。但是，马克思对于仅仅以差异性为基础的政治是担忧的，寻找一种可以将工人阶级多样性通过阶级计划加以转变的方式——这种阶级计划有助于认清特权和压迫的多元记载如何在社会上和政治上相互联系起来。换言之，要弄清如何构建一种使无产阶级在差异中统一起来的社会与政治形式。

结论：社会主义和民主斗争整体

毫无疑问，工人们需要超出以斗争形式为基础的传统工会。同时，我们生活在革命的政党已经失去信任的历史时期，并且也没有证据表明在欧洲和北美的环境下它们的命运将会激活。问题因此仍然存在：如果工会和社会民主因为其不是革命的，不能解决其向自身提出的问题，那么先锋队政治的历史性确实过时了，当前如何引导争取社会主义的斗争？这个问题的答案在于斗争中人们的创造性智慧；没有哪种理论干预可以用自身来替代政治实践。我们在结论中要做到的不是从抽象原则出发推论出新的斗争模式，而是企图勾勒出资本主义范围内的斗争（争取更高的工资、争取自由时间、争取公共机构）隐含着的激进内涵，证明了这样的结论，即社会主义是争取民主的斗争的重要部分，争取民主的斗争（成为所有政治斗争）应该理解为一个整体。重新构建一个进步的、可以实现的斗争目标、使革命思想摆脱了它在19世纪成为一次性灾难（one-off cataclysm）的形象，为确立既不是社会民主主义的又不是先锋队的组织和政治战略的新思想打开了空间（参见本书休迪斯所写的部分）。

莱博维奇这里再次成为一个有指导性的起点。他注意到，即使在斗争并没有“超越资本 / 工资工人的关系”时，它们对于工人阶级的生活价值也可能具有重要意义，因为它们表达了这样一个事实，即“在这种斗争过程中，出现了……质的飞跃”（Lebowitz, 2003: 99）。质的飞跃是指工人阶级提高了他们自己的生活条件，为自我实现和相互交往创造了生活时间和生活空间，因此不仅教育了他们社会不会对集体斗争没有影响这一点，而且在日常生活现实中通过实现社会主义理想中的一些要素而使他们的生活变得更好。

因为每个人的生活是有限的，过着普通人的生活，所以革命政治必须考虑长期和短期。伊曼纽尔·沃勒斯坦（Immanuel Wallerstein）很好地阐述了这个观点：“人们生活在当下，每个人都必须在今天吃饭，而不是到明天才吃饭。任何人都必须在今天睡觉，而不是到明天才睡觉。任何人都必须在今天做所有这些仅仅是日常的事务，你不可能告诉人们他们必须再等5年、10年或20年，并且它将会越来越好……所以，你在忧虑今天的事情，但是你不可能仅仅忧虑今天的”（Boggs, 2012: 197）。不可能期望人们为了他们没有经历过的遥远的未来而牺牲他们当前的整个生活。能够使人们动员起来的政治必须表明它能够提高他们在这里和现在的生活，而不仅仅是作为承诺的超越之路上的一个驿站。所以，通过缩短工作日、争取自由时间而又不遭受实际工资损失的斗争，在历史上已经是（并且再次可能是，如果重新复苏的工会运动再一次这样做）资本力量战胜整个人类生活的胜利。争取更高工资的斗争也是如此。如果它被理解为反对资本的力量支配人类生活的斗争，而不是它自身的终结，或推动更高层面的对资本主义商品的破坏生活式的消费，那么它就成为更激进要求的基础和构成要素。如果这些被用作提出批判问题的机会，那么这些斗争可以成为基础和构成要素：为什么资本主义允许大量失业，并且抵制缩短工作周而不使实际工资受到损失呢？为什么实际工资已经停滞，而公司利润快速上升？为什么资本主义继续掠夺这些星球（参见本书霍利曼所写的部分），尽管科学已经达成一个不可动摇的共识，即如果不发生巨大的社会经济变革，那么一场严重的生活危机（life-crisis）在不太遥远的未来等着我们？当工厂斗争与诸如此类的问题联系在一起时，工人就会认识到——不是讲大道理，或者相反，教条地被劝告去推翻资本主义——他们的斗争的实际含义与资本支配人类的（以及星球的）生活相冲突。

让我们用另一个例子进一步阐明这一观点——争取普惠性的公共机构的斗争。在这里，工会在历史上已经发挥了决定性的作用。建立普惠性公共机构意味着什么呢？重新将财富从私人积累引向满足基于需要的生活需求，而不是支付能力。换言之，通过税收为普惠性公共机构提供资金是对资本支配生活的权力另一种干预。当教育、卫生保健、接触文化制度和养老金从商品化交换的周期中被剔除，在对它们的需要的基础上和程度上向所有人开放的时候，实际生活就改善了："提供公共商品和服务，并以支撑可持续发展和社会公正的方式，以对于社会来说合理的方式进行科学管理，就会显著提高生活水平。"（Fanelli, 2016: 86）这些进步使社会从多个方面走向社会主义原则实践:“各尽所能，按需分配”[1]。当然，公共机构并不会完全实现这些原则，但是它们也不会完全忽视它，像商品化交换所做的那样。实际存在的公共机构并不会逃脱引起不满的、往往也被种族化和性别化的、压迫性的权力等级制（参见 Sears, 2014: 56, 88）。但是，它们并不代表战胜了莱博维奇所称的资本的“干预权力”，也就是人们在与自然对立、相互之间对立的情况下，为了获得他们的生活所需而依赖于拥有货币。

因为，通往社会主义的道路就是反对资本影响人们满足自身实际的生活需要、表达及享有生活能力的持续斗争的过程。这种斗争表明了资本主义最深层的矛盾，而这一矛盾又掩盖了人类依赖于自然的真实关系，以及集体劳动在其结构上被迫依赖于获取劳动力和商品市场的真实关系。一旦工人透过资本主义对象化的幕后，他们就会发现劳动的真实目的并不是为资本家生产私人的“货币—价值”，而是“生活—资本”——“产生更多的生活财富的生活财富，没有任何损失，并且还有累计收益”（McMurty, 2015）——为了所有人以需求为基础的占有和使用。不管什么斗争，若揭示这种矛盾，夺回用于生产“生活—资本”的财富和资源，为所有人占有“生活—资本”而建立普遍可以接近的通道，都成了争取社会主义社会的斗争的因素。

总之，我们认为争取社会主义的斗争必须重新被看作一种连续的斗争。“工人阶级的政治经济学”意味着在很大程度上脱离了《资本论》，关注组织起来的集体斗争如何将财富从资本的循环转向集体“生活—资本”的循环，真正的人以此保护自己并获得发展。生

---

① 马克思，恩格斯. 马克思恩格斯选集：第 3 卷. 北京：人民出版社，2012：365.

活可能在资本主义条件下会更好或更糟糕，并且在不推翻资本主义的条件下使生活更好不应该作为“改良主义”被抛弃，相反，它应该被理解为走向社会主义的连续斗争的一部分。人们通常不会为抽象内容或口号而战斗，而会为可以实现的、能够提高他们生活水平的目标而斗争。使斗争激进化并不意味着使口号激进化，而是意味着在将提供公共服务、满足需要与对财富和资源的民主控制的反逻辑进一步延伸到资本支配的“生活—空间”和“生活—时间”之前，将每次胜利看作一个可以暂时休整的平台。

尽管工会覆盖率在 21 世纪已经下降，但是仍然有成千上万的工人由工会组织起来，一群劳工活动家需要由更有活力和创造力的领导者发动起来——更加积极的和主张干涉主义的民众又发动并反过来领导他们——与我们在大多数工会中看到的相比。激发这种政治潜能像重构社会主义运动一样，必须沿着或多或少、或好或坏的一个连续路线，将其看作对要么全有、要么全无的革命概念的纠正。马克思将社会主义的斗争看作争取民主的斗争的延伸，认识到有效的斗争必须有具体的可以实现的目标。正如尼姆茨（Nimtz）得出的结论认为:“德雷珀（Draper）的关于马克思的民主凭证的观点是有启发性的:‘马克思是通过使民主控制从基层开始延伸的斗争而接受社会主义思想的社会主义第一代表人物。’”（Nimtz, 2000: 299）。不管是工会还是社会民主主义者都还没有一致提出从基层开始对经济进行民主控制的问题，而是相反将自身局限于要求“资本主义具有人的面孔”（Lebowitz, 2003: 168）。但是，正如我们已经表明的，也正如《资本论》隐含着的但还没有明确阐明的，资本主义范围内的斗争对工人生活也会产生影响。如果社会主义者将满足人的需要和生活能力的全面发展与享有创造条件的目标作为动力，那么这些斗争就不可能被忽视，争取社会主义的斗争重新被设想为沿着持续路线的斗争，而不是一场一劳永逸的灾难。

参考文献

Anderson, K.B. (2010). *Marx at the Margins: On Nationalism, Ethnicity and Non–Western Societies*. Chicago: University of Chicago Press.

Boggs, L. (2012). *The Next American Revolution*. Berkeley: University of California Press.

Brown, H. (2013). *Marx on Gender and the Family: A Critical Study*. Chicago: Haymarket Books.

Draper, H. (1978). *Karl Marxs Theory of Revolution, Vol II: The Politics of Social Classes*. New York: Monthly Review Press.

Engels, F. (1977[1845]). *The Condition of the Working Class in England*. Moscow: Progress Publishers.

Fanelli, C. (2015). The Radical Keynes: An Appraisal. *Workplace: A Journal for Academic Labour*, 25: 69–81.

Fanelli, C. (2016). *Megacity Malaise: Neoliberalism, Labour and Public Services in Toronto*. Halifax and Winnipeg: Fernwood Publishing.

Gramsci, A. (1917). The Revolution Against Capital.

Lapides, K. (ed.) (1987). *Marx and Engels on Trade Unions*. New York: Praeger Publishers.

Lebowitz, M. (1992). *Beyond Capital Marx's Political Economy of the Working Class*. New York: St. Martin's Press.

Lebowitz, M. (2003). *Beyond Capital: 'Marx's Political Economy of the Working Class*, 2nd edition. New York: Palgrave Macmillan.

McMurty, J. (2011). *What is Good, What is Bad-The Value of All Values AcrossTimes, Places, and Theories*. Oxford: EOLSS Publishers.

McMurty, J. (2015). Breaking Out of the Invisible Prison: The Ten-Point Global Paradigm Revolution.

Marx, K. (1864). 1864 General Rules.

Marx, K. (1866a). *Value, Price and Profit.*

Marx, K. (1866b). The Different Questions.

Marx, K. (1875). *Critique of the Gotha Programme.*

Marx, K. (1964). *The Economic and Philosophic Manuscripts of 1844*. New York: International Publishers.

Marx, K. (1986). *Capital, Volume I.* Moscow: Progress Publishers.

Marx, K.and Engels, F. (1879). Strategy and Tactics of the Class Struggle.

Nimtz, A.H. (2000). *Marx and Engels: Their Contribution to the Democratic Breakthrough*. Albany: State University of New York Press.

Noonan, J. (2009). Free Time as a Condition for a Free Human Life. *Contemporary Political Theory*, 8(4): 377–393.

Noonan, J. (2011). Use-Value, Life Value, and the Future of Socialism. *Rethinking Marxism*, 23(1): 117–134.

Noonan, J. (2012). *Materialist Ethics and Life-Value*. Montreal and Kingston: McGill-Queens University Press.

Sears, A. (2014). *The Next New Left: A History of the Future*. Halifax and Winnipeg: Fernwood Publishing.

Wood, E.M. (2002). *The Origin of Capitalism: A Longer View*. London: Verso.

第9章

《资本论》与生态

汉娜·霍利曼

在《资本论》中，马克思开始科学地、批判地论证“资本主义生产方式以及与之相适应的生产关系和交换关系”①。这样一来，他就系统地解释了为何在资本主义社会中文明和野蛮相伴而行，而19世纪的精英以及那些寻求改变社会的人对此却习以为常（Beckert, 2014：244）。今天，人们没有直接或间接地从马克思的理论、方法论和实证经验的分析中获益，难以充分理解资本制度中的生态和社会暴力问题，更不用说解决这些问题了。但是，马克思的这些贡献已经深刻地塑造了许多学术性的和科学的学科，同时，已经成为过去一个半世纪中每一个进步的和反殖民运动的活动者的资源。

在对社会、经济和生态危机之间关系的理解中，秉承早期马克思传统的科学家、学者和活动人士继续取得了重要突破。他们的领悟往往来源于马克思的研究，而如今这些领悟对于许多人，甚至那些不知道它们知识来源或政治含义的人来说，似乎都是常识。此外，由于生态社会主义思想家和活动家的工作，特别是在过去20年中，人们日益了解和关注马克思主义和社会主义传统在生态思想和行动

① 马克思，恩格斯. 马克思恩格斯文集：第5卷. 北京：人民出版社，2009：8.

主义发展中的作用。

在纪念马克思的《资本论》出版 150 周年之际，本章重点强调了《资本论》对环境运动的重要意义，因为它为国际气候谈判的程式化无效、全球环境运动的种族隔离，以及声称资本主义将要解决或正在解决其所产生的社会生态危机等漫无目的的嘴炮问题的解决寻求前进的方向。结合这些问题，我引用马克思的著作和当代分析来解释每一个环保主义者所需要了解的关于生态帝国主义的内容，以及为超越资本主义生态断裂的核心——人类和自然的种族划分——做出必要的承诺。这一承诺是克服帝国主义环境“政治照旧”（politics as usual）的第一步，以便转向“一切照旧”（business as usual）。

尽管许多环保主义者关注城市拥挤、城市贫民窟、贫困问题和恶劣的卫生条件，但是他们对这些情况的由来了解甚少。如果缺少了《资本论》中所使用的历史分析方法，那大规模的流离失所、贫困和不平等似乎就成了现代社会自然而不可避免的特征。贫穷地区和国家之间的“迎头赶上”（catching up）都是一般性问题，很少有人讨论一些地区的富裕与其他地区的贫困之间的关系，以及城市贫民窟的增长与农村转型（尤其是公共设施私有化）之间的关系。

因此，对于社会统治是生态环境恶化的先决条件这一事实，许多环境保护主义者的认识是模糊的，而且他们对于环境正义的概念往往是浅薄的和非历史的。马克思的《资本论》为更深入地理解当代社会—生态变化提供了基础，并为开展一场客观地对待我们的历史的运动奠定了基础——这场运动的重点是修复社会的不平等和压迫、反对资本的逻辑以及在争取生态社会的斗争中实现团结。

积习难改：帝国主义和联合国气候协定

2015年巴黎气候变化大会（The 2015 Climate Change Conference in Paris, COP 21）被广泛地认为是走向文明的十字路口，这种文明涉及采取行动以应对气候变化。来自 195 个国家的代表们签署了一份协议，而著名的气候科学家詹姆斯·汉森（James Hansen）把这项协议称为“欺诈，真是假的……只是无意义的话”（Milman, 2015b）。与汉森和其他气候科学家不同，最富有国家的领导人和一些非政府环保组织（NGOs）已将《巴黎协定》（*the Paris Agreement*）称为“转折点”。绿色和平组织国际总干事库米·奈都（Kumi Naidoo）认为“气候行动的车轮虽转动缓慢，但在巴黎已经转向”（Greenpeace International, 2015）。联合国前秘书长潘基文宣布，《巴黎协定》“使世界走上了一条新的道路，走向一个低能耗、具有可恢复性气候的未来”（Worland, 2015）。

然而，巴黎计划依靠的是技术和市场方法，而不是立即削减排放源，或支持全球“保持地下”（keep it in the ground）运动（已知的化石燃料储量），协议也承认这些方法不足以阻止气候科学家所称的“有致命危险”的排放和全球温度的上升，特别是对世界上最贫穷的人而言（New York Times, 2015; Randerson, 2015）。它所概述的机制还存在其他严重问题，更广泛地涉及所谓的资本主义绿色化。

2016 年 5 月，联合国土著问题常设论坛第 15 届会议（the 15th Session of the United Nations Permanent Forum on Indigenous Issues）在纽约市举行。这一系列会议关注的是与生态帝国主义有关的问题。世界各地土著社区的代表们对一直侵犯他们的土地、水、清洁空气、自决权和与生俱来的权利的行为表示抗议。特别是，土著地区的领导人描述了在绿色掩盖下继续进行的入侵斗争。来自智利的马普彻（Mapuche）领导人卡尔芬·拉夫肯奇（Calfm Lafkenche）总结了其他与会者重申的要点：

> 我们今天在联合国要停止对绿色经济及其市场体系的进攻，即碳贸易、碳抵消、清洁发展机制和降排。这构成了一种新的殖民主义形式，它导致了冲突、强迫迁移、文化生存受到威胁和侵犯土著人民的权利，特别是侵犯生命权、土地和领土权以及自由权、优先权和知情权（Indigenous Environmental Network, 2016）。

2015年《巴黎协定》作为新殖民主义的体现遭到了反抗。

在联合国论坛上，土著环境网络（Indigenous Environmental Network）的人权和土著权利专家、律师阿尔贝托·萨尔达曼多（Alberto Saldamando）指出：

> 《巴黎协定》是一项贸易协定，仅此而已。在这个欺骗计划中，它承诺实现私有化、商品化，通过出售森林和土地来实现碳抵消……这些抵消骗局为发达国家在全球南方国家和地区清除其碳污染提供了洗钱机制。在这方面，美国的气候变化计划中还包括2.5亿兆吨碳污染物要被海洋和森林抵消市场消化。从本质上说，这些应对气候危机的负责人不仅可以不遵守法规，还可以从中获利。（Indigenous Environmental Network, 2016）

此外，该协定忽视了矿物燃料的生产，这些矿物燃料是通过侵犯土著地区自主权和土著国家主权的方式以及为了私人利益而适当地破坏公共用地的方式开采的。

气候危机解决方案的讨论忽视了资本主义能源开采造成的更广泛的社会生态危机，这有助于掩盖全球能源经济中更深层次的不公正现象。如何“弥补”帝国主义的石油战争或如何“抵消”能源公司最近在全球推动的法律变化（在美国国务院帮助下，尤其是 2009 年至 2013 年在美国国务卿希拉里 · 克林顿的领导下），以允许更多的液压破碎法[①]施工（Blake, 2014）？随着生物燃料生产的扩大，各国在环境管理和达成排放目标的旗帜下，完成了可再生能源的生产任务，那又该如何理解它所引起的社区的流离失所和大规模的生态破坏（Holleman, 2012）？

因此，土著环境网络的执行主任汤姆 · B.K. 戈德图思（Tom B.K. Goldtooth）指出，这些事态的发展使得今天的土著社区面临着一场双边冲突：

> 几个世纪以来，土著居民遭受了殖民主义和种族灭绝。现在，联合国正在推动对气候变化的错误解决办法，这危及各国人民和地球母亲的生存。我们正处于政府和采掘业长期冲突的前线，这些采掘业想要窃取我们的土地、领土和资源。我们还处于气候变化的前线，如在发展中国家通过减少砍伐森林和减缓森林退化而降低温室气体排放（REDD[②]）等做法是错误地解决气候变化问题的措施。（Indigenous Environmental Network, 2016）

---

① 液压破碎法（fracking）是指利用高压将水、化学物质和沙打到地下以获取天然气的方法。这样做会污染地下水，从而导致雨水也受到影响。——译者注

② REDD 是指以“有偿环境服务机制”（payment for ecosystem service, PES）为基础，对愿意且能够减少因毁林造成的温室气体排放的国家给予财政补偿。参见：郭晓蕾，魏亚韬，武曙红. REDD+机制的研究进展对我国的影响. 当代生态农业，2011（01，02）. ——译者注

所有这些都表明帝国主义是生态危机的中心，也就是马克思主义者和其他人所说的资本主义的生态断裂。这表明，在不挑战社会秩序的情况下，试图解决的生态危机是服务于不民主的资本社会关系的，只是在社会、地理上暂时地取代或转移危机。

所有的环境保护主义者应该把理解这种情况的资本主义作为一个紧迫的目标。如果不理解我们生活其中的社会在历史进程中的具体政治和经济动态，我们就不能有效地组织甚至进行改革。过去和现在的、致力于社会变化的组织者已经认识到这一点。到目前为止，另一个紧迫而相关的目标应该是要理解为什么主流环境运动，尽管声称支持“环境正义”，但始终未能与最受压迫的社区团结起来，争取建立一个更彻底的民主社会——目的是取代这种毒性优先（toxic priorities）的制度。这种缺乏团结的情况对运动的效力以及地球产生了严重的后果。同样，为什么著名的环保人士要帮助政治精英宣布《巴黎协定》是一种胜利，而模糊了协议中缺乏的实质性生态内容，以及它的压迫性和帝国主义影响呢？

《资本论》帮助我们回答了这些关键性问题，主要是通过解释资本主义政治经济的历史发展过程，包括人类与土地的分离、人类的分工，以及为何“在资本主义生产的进展中，工人阶级日益发展，他们由于教育、传统、习惯而承认这种生产方式的要求是理所当然的自然规律”[①]。本章接下来强调的《资本论》的部分内容，是理解马克思的系统理论和当今环境运动的社会生态分析之间持续相关性的起点。我们从马克思对资本主义社会的本质、显著特征的描述开始，解释为什么资本主义取代了其他的供给模式，生态退化随之而

① 马克思，恩格斯. 马克思恩格斯文集：第 5 卷. 北京：人民出版社，2009：846.

来，而改革派的政治却无法跟上破坏的步伐。

《资本论》的起源

《资本论》第 1 卷第 1 章的标题简称为“商品”。马克思在前几章从分析商品开始，因为它是资产阶级（资本主义）社会的“经济的细胞形式”①。马克思将资本主义生产方式与早期的经济形态区别开来，第一次在人类历史上实现了市场上销售商品以实现利润的商品生产的普遍化，这种商品生产支配着经济格局和社会格局。

货币在生产过程中成为资本，因为它是为了实现利润而投资的，其中一些是为了获得更多的利润而进行的再投资，等等。这种循环无休止地重复，被危机周期性地打断。资本的积累不是为了满足人类的需要，而是为了成为资本主义社会中生产和所有经济活动的主要目标。虽然这些产品是直接生产者劳动的结果，但利润则是由那些拥有和控制社会主要生产手段的人（资本家）而不是生产者自己（工人）所占有和积累的。由于资本家的目标是增加利润，他们不得不从工人那里尽可能多地榨取劳动力，并通过降低工资、生产成本（包括生态成本）外部化和避税等手段尽可能地减少成本。

此外，由于产品生产意味着产品在市场上出售，而不是为了满足直接需要，因此，以最高价格尽可能多地出售产品成为每个资本家的首要任务，这也是从工人身上榨取财富的另一种手段。为迫使或说服人们消费越来越多的商品，从破坏正常的生活手段或创设非法的替代生活手段，到利用复杂先进的科学和操纵性广告宣传的卫

① 马克思，恩格斯. 马克思恩格斯文集：第 5 卷. 北京：人民出版社，2009：8.

星网络，资本家都做出了巨大的和必要的努力。正如马克思所写，商品需要“由胃产生还是由幻想产生”[①]并不重要。与商品的实际使用价值不同，商品在交换中实现的价值成为衡量一切事物的标准。

在整个社会层面，经济核算的中心是以货币形式实现的交换价值。因此，马克思在《资本论》的开篇就写道：“资本主义生产方式占统治地位的社会的财富，表现为‘庞大的商品堆积’。”[②]在我们这个时代同样如此，生产商品（货物和服务）的总和表现为代表着国家财富的国内生产总值（GDP）和国民生产总值（GNP），但这没有指出国内生产总值的增长所产生的社会和生产后果。正如政治经济学家、活动家玛里琳·华林（Marilyn Waring）在1995年对联合国国民核算体系的批判中所分析的那样，甚至“不幸会导致国内生产总值的增长”，并且会作为正面信息记录在分类账中。她以埃克森–瓦尔迪兹（Exxon-Valdez）油轮的漏油为例。法律诉讼、清理和赔偿的高成本以及媒体公司应对这场灾难的收入，都促进了国内生产总值的增长。

不久前，为了应对英国石油公司在墨西哥湾的石油泄漏，美国摩根大通的首席经济学家在《华尔街日报》和其他有关经济健康的报刊上向大众保证：虽然“石油泄漏导致一些地区的经济陷入困境……但鉴于今天的情况，这些大大小小的挫折在美国宏观经济的规模面前显得相形见绌，如果美国的国内生产总值能够从中获得些许利益的话”（Feroli 转引自：Di Leo, 2010）。

社会学家约翰·贝拉米·福斯特（John Bellamy Foster）和布雷特·克拉克（Brett Clark）讨论了早期政治经济学家对公共财富（包

①② 马克思，恩格斯. 马克思恩格斯文集：第5卷. 北京：人民出版社，2009：47.

括清洁空气、水、食品等使用价值）和私人财富（以商品交换价值为基础的货币收益）所做的区分。例如，1804 年，政治经济学家詹姆斯·梅特兰（James Maitland）认为“公共财富和私人财富之间存在反比关系，因此后者的增加往往会削弱前者”（Foster and Clark, 2009）。在经济学史中，这被称为“劳德代尔悖论”（Lauderdale Paradox）[①]。然而，增加国内生产总值（经济增长）是资本主义社会政治和经济的主要目的之一。

马克思《资本论》的开篇章节中揭示了社会过程（即劳动）对其产品市场价值的减少所隐含的社会的神秘性，之后他在经济和政策分析中单独分析了这些社会过程。马克思谴责了资产阶级经济学家非历史性地看待公有财富（共同财富）的私有化和集体劳动成果（他们认为这是自然的，也是不可避免的）。相对于主流意识形态，马克思展示了这种状况的历史特殊性和资本的真实来源。

马克思在《资本论》第 8 篇[②]中解释了我们这个在历史上独特的社会的前提。在这个社会中，我们大多数人必须为那些拥有生产资料的人工作，几乎无法控制我们劳动的条件或产品：

> 货币和商品，正如生产资料和生活资料一样，开始并不是资本。它们需要转化为资本。但是这种转化本身只有在一定的情况下才能发生，这些情况归结起来就是：两种极不相同的商品占有者必须互相对立和发生接触；一方面是货币、生产资料

① “劳德代尔悖论”是以劳德代尔第八世伯爵詹姆斯·梅特兰名字来命名的。梅特兰的主要著作有《对公共财富本质与起源、增长原因与方式的探究》（*An Inquiry into the Nature and Origin of Public Wealth and into the Means and Causes of its Increase*）。

② 这里指的是英文版《资本论》第 1 卷第 8 篇，中文版应该为第 7 篇。——译者注

和生活资料的所有者，他们要购买他人的劳动力来增殖自己所占有的价值总额；另一方面是自由劳动者，自己劳动力的出卖者，也就是劳动的出卖者。[①]

马克思所说的“自由劳动者”是指那些不再受领主或工会的约束、不再与土地相联系的人，他们在更广泛的意义上并不是自由的。他明确指出，“劳动者的奴役状态是产生雇佣工人和资本家的发展过程的起点。这一发展过程就是这种奴役状态的形式变换，就是封建剥削转化为资本主义剥削”[②]。马克思在研究这些情况的历史发展过程中，指出了生态退化和社会暴力大规模扩张的起源，这也是资本主义发展的重要组成部分。马克思还指出，超越资本主义制度虽然是困难的，但这是必要的，也是可能的。

“原始积累”的意识形态的、辩证的神话解释了资本的起源及其对少数精英人口的控制。这个神话告诉我们，那些高层人士通过自己的勤劳和努力工作并利用节制欲望节省下来的财产实现了资本积累，其他人则浪费了他们的时间或劳动成果。马克思解释道，“在真正的历史上，征服、奴役、劫掠、杀戮，总之，暴力起着巨大的作用”[③]。马克思在把他的分析扩展到全球范围之前，以英国作为首要的例证，阐述了英国通过对其农业人口发起的圈地运动和驱逐过程，使其农业人口被迫迁离土地，并将他们集中在城镇和城市中心。这是一个重要贡献和历史纠正，不仅破坏了将资本主义和阶级社会实现自然化的企图，也破坏了为剥削他人、由政治经济精英控制社会、不平等、贫穷和环境破坏做辩护的意图。

① 马克思，恩格斯. 马克思恩格斯文集：第 5 卷. 北京：人民出版社，2009：821.
② 同 ①，823.
③ 同 ①.

在城镇，马克思以对他那个时代相对普通的观察指出，新的被征用的所有年龄段的劳动者都是在最恶劣的条件下劳动，并通过法律手段限制他们的行动和活动（这经常涉及暴力执法），通过土地私有化，使他们没有其他的谋生方式。总之，“所谓原始积累只不过是生产者和生产资料分离的历史过程”①。不同于早期的社会经济结构，“资本关系以劳动者和劳动实现条件的所有权之间的分离为前提。资本主义生产一旦站稳脚跟，它就不仅保持这种分离，而且以不断扩大的规模再生产这种分离”②。

生态断裂

大量人口和土地的分离运动始于 14 世纪晚期和 15 世纪早期，这产生了严重的社会和生态后果，并在全球范围内继续存在。取代了与传统农业相关的土壤养分循环，农村人口的迁移和农业商品化意味着越来越多的“基本营养物质被运出数百甚至数千英里，最终成为污染城市的废物”（Foster et al.，2011: 350）。

资本主义市场的农业生产与自给农业、供应本地市场的农业所产生的社会和生态后果没有关系。它们的目的是不同的。资本主义市场的农业生产是不稳定的，易受全球市场波动的影响。只要有钱可赚，或者由于财政和税收在农业中的作用有债要还，资本主义市场的农业生产就有一种无法满足的品质。因此，田地无休止地播种，畜群无挑选地扩大，这就导致土地的迅速退化。到了 19 世纪中期，欧洲科学家们对“向城市转移食物和纤维，减少了土壤中的如氮、

① 马克思，恩格斯. 马克思恩格斯文集：第 5 卷. 北京：人民出版社，2009：822.
② 同 ①，821–822.

磷和钾等营养物质”（Foster et al.，2011: 350）发出警告。

19 世纪的科学家们把土壤养分循环的断裂视为一种抢劫制度。马克思把在资本的保护下实现农业转变视为人与自然之间的新陈代谢断裂，或者是我们称之为资本主义的“生态断裂”。他写道，由于农业人口被征用，

> 资本主义生产使它汇集在各大中心的城市人口越来越占优势，这样一来，它一方面聚集着社会的历史动力，另一方面又破坏着人和土地之间的物质变换，也就是使人以衣食形式消费掉的土地的组成部分不能回归土地，从而破坏土地持久肥力的永恒的自然条件。[①]

在《资本论》第 3 卷，他重申道：

> 大土地所有制使农业人口减少到一个不断下降的最低限量，而同他们相对立，又造成一个不断增长的拥挤在大城市中的工业人口。由此产生了各种条件，这些条件在社会的以及由生活的自然规律所决定的物质变换的联系中造成一个无法弥补的裂缝，于是就造成了地力的浪费，并且这种浪费通过商业而远及国外。[②]

约翰·贝拉米·福斯特、布雷特·克拉克、保罗·伯格特（Paul Burkett）以及其他学者和活动家都对马克思资本主义生态批判的核心进行了最广泛的分析，“理论结构的中心是‘人与地球之间的新陈代谢相互作用’的‘断裂’，或‘生命的自然法则所规定的社

① 马克思，恩格斯. 马克思恩格斯文集：第 5 卷. 北京：人民出版社，2009：579.

② 马克思，恩格斯. 马克思恩格斯文集：第 7 卷. 北京：人民出版社，2009：918–919.

会代谢’，通过从土壤中移除其构成要素，要求实现‘系统修复’”（Foster, 1999: 378）。

马克思的新陈代谢概念（concept of metabolism）和代谢断裂（the metabolic rift）是他从他那个时代最先进的科学发展（特别是农业化学）的研究中发展而来的。他用新陈代谢的概念来描述人类社会和自然界其他部分之间物质和能量的“物质”交换，这种“物质”交换是伴随着生产和交换，通过劳动来实现的。正如福斯特所解释的那样：

> 马克思在《政治经济学批判大纲》（*Grundrisse*）中提出了新陈代谢（物质交换，Stoffwechsel）的概念，这个概念最早在 19 世纪 30 年代由从事细胞生物学和生理学新发现的科学家首先发展起来，然后应用于化学 [特别是李比希（Liebig）] 和物理学，在马克思的叙述中处于中心位置的是通过生产实现的自然与社会之间的相互作用。他把劳动过程定义为人与自然之间的新陈代谢关系。对人类来说，这种新陈代谢必然是一种社会中介的形式，包括所有生命共有的有机条件，但也通过生产呈现出明显的人类历史特征……马克思在《资本论》中基于这个框架，强调了工业化的资本主义农业中土壤循环的破坏，这无非是人与自然之间的新陈代谢关系的“裂缝”。（Foster, 2013）

马克思的科学研究是以整体的和辩证的方式与他对社会历史和变化的详细研究联系在一起的。马克思关心的中心问题是资本主义农业和工业的发展，以及它们对工人和土地的影响。

随着马克思对作为社会根源的生态危机的深刻理解，他认为资本主义应对危机的措施往往会加剧危机，这使他成为一名早期批评家，认为资本主义可能或将走向绿色观念，同时承认了资本主义社会的科学转型。

从资本主义生产的角度来看，只要它是有利可图的，其中心就是继续“一切照旧”。人们通常会避免或遏制解决来源于社会、需要通过改变社会来解决的危机的努力。技术和市场机制在短期内有可能解决问题，但从长期来看则会加深危机（最近的《巴黎协定》是对这一趋势的说明）。这些机制往往取决于社会破坏和支配的增加。例如，资本家解决了早期欧洲为了谋利而扩大农业生产导致的土壤危机，但他们是通过寻求各种方式，以肥料取代土壤中失去的养分，而不是重建长期影响土壤健康和肥力的基础。结果，土壤越来越枯竭，但科学更多地应用于掩盖这种枯竭的影响，而不是恢复自然土壤肥力。

今天，与现代先进技术的滥用有关、为了利润而引起的社会的和生态的农林退化，导致 90% 的全球农业土地受到侵蚀，80% 的土地受到中度甚至是严重的侵蚀（Pimentel, 2006: 123）。仅从 1975 年到 2015 年，地球就因为侵蚀和污染而失去了三分之一的可耕地（Milman, 2015a）。换句话说，“世界上 30% 的可耕地变成了非生产性的，其中大部分已经不能用于农业生产”（Pimentel, 2006: 123）。此外，肥料、除草剂和杀虫剂使用的增加，导致从化学上进一步污染了土地和水域，毒害了农场工人，并导致了化学武器的进化，人们要根据害虫和杂草对这些化学品的抵抗力来挑选适合的农药和除草剂。

马克思是这种悖论的早期阐述者，正如现在时常看到的，即随着技术能力和对生态危机的科学理解的提升，危机本身也在扩大。

关于 19 世纪新兴的农业科学和农业技术的发展，马克思写道：

> 资本主义农业的任何进步，都不仅是掠夺劳动者的技巧的进步，而且是掠夺土地的技巧的进步，在一定时期内提高土地肥力的任何进步，同时也是破坏土地肥力持久源泉的进步……因此，资本主义生产发展了社会生产过程的技术和结合，只是由于它同时破坏了一切财富的源泉——土地和工人。①

这些问题是通过帝国主义贪婪地扩大资本主义农业而展开的，而科学往往用来为殖民入侵、当地资源开采以及谋杀、奴役当地人民、引发当地的饥荒提供便利和辩护。

帝国主义、生态断裂和农业

到了 19 世纪，欧洲和美国东部因资本主义农业转型而导致土地退化，促使人们在世界各地寻找新的农业投入和产品来源。为了补偿国内的环境透支、满足日益增长的城市市场并开发新的工业原材料来源（例如棉花），殖民国家在地球上寻找新的生产资料来代替失去的土壤养分，开发新的农业用地，并寻找新的奴隶或“自由”劳动的来源，这就在全球层面上实现了生态断裂的普遍化。最典型的例子是暴力和破坏生态的鸟粪贸易，其中包括热带种植园农业的扩张和白人殖民地的外向型农业的发展（Foster et al., 2011; Melillo, 2012）。

结果，“营养物质的转移与积累过程密切相关，这在国家之间和国际上也发生得越来越密切”（Foster et al.，2011: 351）。马克思注意到全球化的资本主义农业所带来的好处，主要的“工业国，它使地

① 马克思，恩格斯. 马克思恩格斯文集：第 5 卷. 北京：人民出版社，2009：579–580.

球的一部分转变为主要从事农业的生产地区，以服务于另一部分主要从事工业的生产地区”[①]。这既包括对人民的暴力征服，也包括对当地工业和生产的破坏。欧洲大陆诸国，英国、美国和日本的殖民地就像它们的宗主国一样，在“令人震惊的暴力”之后，全体人口被迫放弃传统职业，种植作物出口到全球市场（Beckert, 2014: 255, 308–309）。[②]

到目前为止，我强调了马克思对农业资本主义转型的影响，以及这种转型如何促进马克思理论的发展。然而，他对资本主义的生态批判分析进一步扩展到更广泛的、不可持续的自然循环破坏，以及对资源和人民的剥削。在这一点上，他远远领先于他那个时代，并且比许多当代的分析家更深刻地看到了生态问题与社会压迫之间的联系。

---

① 马克思，恩格斯. 马克思恩格斯文集：第 5 卷. 北京：人民出版社，2009：520.

② 许多历史分析进一步记述了盎格鲁 – 欧洲（Anglo-European）的细节，美日帝国入侵地球的各个领域以扩大农业经济作物来源，攫取资源，获得劳动力的新来源，并打开市场。在马克思主义和更广泛的反殖民主义的传统中，全球北方对全球南方的抢劫和掠夺为便利北方的快速发展提供了大量资料，其中还包括跨界的政治和经济精英们的协作。历史学家斯文 · 贝克特（Sven Beckert）在获奖一书《棉花帝国：一部全球史》（*Empire of Cotton: A Global History*, 2014）中沿着这些传统，提供了一些新材料，对马克思的《资本论》做出了一个伟大的同时代人的解读。贝克特以棉花生产、贸易和纺织制造业的视角，详细审查了全球经济和农村的转型。社会学家常常将资本主义的发展分为早期商业资本主义和后期工业资本主义，但贝克特认为，按照马克思的历史观点，所谓商人资本主义的方法最好称为“战争资本主义”。他解释说，尽管有很多关于有些国家是富国，而另一些国家是穷国的意识形态解释，或者联合国和世界银行有许多关于“更发达的国家”或“最不发达的国家”的有问题的术语表达，但事实是，今天的富国之所以成为富国，是因为它们的“资本家和政治家……建立了一个愿意和有能力使用武力来扩大他们利益的比较优势”（2014：30）。这一点对理解现代世界至关重要。

自然与人性的种族划分

马克思在对原始积累或资本来源的分析中写道：

> 美洲金银产地的发现，土著居民的被剿灭、被奴役和被埋葬于矿井，对东印度开始进行的征服和掠夺，非洲变成商业性地猎获黑人的场所——这一切标志着资本主义生产时代的曙光……接踵而来的是欧洲各国以地球为战场而进行的商业战争……这些方法一部分是以最残酷的暴力为基础，例如殖民制度就是这样。但所有这些方法都利用国家权力，也就是利用集中的、有组织的社会暴力，来大力促进从封建生产方式向资本主义生产方式的转化过程，缩短过渡时间。[①]

20 世纪初，“殖民政权、殖民地，以及它们以前的殖民地大约占到地球表面的 85%”（Magdoff, 1978: 34）。正如杜布瓦（W. E. B. DuBois）所写，所有这些“黑暗世界的财富和辛劳的巨大追求”都是正当的，判断的依据是资本家的帝国主义、白人至上主义的福音，他宣称：“白色是大地的所有权，永远，永远，阿门！”

关于资本主义国家的精英如何利用种族主义和性别沙文主义（崇尚有害的男性气概）在富裕国家划分劳动人民和下属群体，同时也为帝国战争和全球性的统治提供支持（包括通过军队参与），人们已经进行了大量研究。这类研究如此有影响，以至于尽管现代的种族和性别观念是社会建构的，却对人们的生活产生了深远的、可恨的后果。沿着民族、种族、国籍、性别和性取向，与资本主义

---

① 马克思，恩格斯. 马克思恩格斯文集：第 5 卷. 北京：人民出版社，2009：860–861.

发展有关的人类分工对运动产生了重要影响。性别分工虽然在现代采取了包括具有限制性的盎格鲁–欧洲的性别观念和通过帝国主义与殖民主义在全球强加的家庭观念的新形式，但它早于资本主义出现（Lugones, 2007）。然而，生物学上的种族观念随着现代的发展而出现，成为为殖民主义和奴役辩护的理由（Dunbar-Ortiz, 2003）。

马克思清楚地理解了这种分工的后果。在全球经济中，工人们在竞争中处于劣势。例如，美国工人被鼓励将自己的低工资和就业压力大归咎于受剥削更严重的墨西哥或他国工人。因此，不同工人群体之间的工资差异导致了工人阶级的分离并破坏了团结。这与在19世纪没有什么差别。

在其他被掠夺的土地和人民中，英国殖民地爱尔兰使自身成为“一个纯粹的牧场，向英国市场提供最廉价的肉类和羊毛”①。马克思研究了殖民地的生态和社会后果。殖民地农业荒废了爱尔兰的土地，而大批新流离失所的爱尔兰人被迫移居美洲和英国，造成了大量额外工人涌入他们的新祖国，而且老板们继续维持着工资等级制度，还是压制了他们的工资。这种工资等级制度使英国工人比爱尔兰工人感觉更好，但同时也使他们害怕被降到爱尔兰工人的工资水平。这种恐惧助长了精英们鼓吹的反爱尔兰偏见，他们贬低和妖魔化爱尔兰人，为殖民和虐待行为辩护，并防止出现协作性的叛乱。

国家和工人之间实现了劳动者的分化。马克思写道：“报刊、教堂讲坛、滑稽小报，总之，统治阶级所掌握的一切工具都人为地保持和加深这种对立。**这种对立**就是**英国工人阶级**虽有自己的组织

① 马克思，恩格斯. 马克思恩格斯文集：第10卷. 北京：人民出版社，2009：327–328.

但**没有力量的秘密所在**。这就是资本家阶级能够保持它的权力的秘密所在。这一点资本家阶级自己是非常清楚的。"[①] 此外，大西洋两岸的分化与"英国人与爱尔兰人之间的对立"成为"美国和英国之间的冲突的隐秘的基础。它使两国工人阶级之间不可能有任何认真的和真诚的合作"[②]。马克思把英国人和爱尔兰人之间的人为划分视为类似于美国贫穷白人和黑人之间的划分。由于这些原因，马克思把殖民主义的失败视为走向任何重要社会变革的必要和紧迫的一步。这是当今环境运动的重要教训。

生态帝国主义和当今的运动

如果没有认识到生态帝国主义的历史和持久的现实，那么人们对于目前生态退化的速度和规模是无法理解的。世界上其他国家并不愿意为最富裕的国家或国家中最富有的人群提供资源，因为有太多人无法获得基本的食物和水，所以一些人的"过度消费"有时会成为问题。世界上其他地区也不同意为富裕国家的垃圾提供场所，或者为满足富裕人群的需要将自己的土地变为碳封存地（carbon sequestration sites），即使某些国家的政治和经济精英为了分割利润会通过不民主的方式做出这样的决定。

相反，最初殖民国家的军事、政治和经济实力，加上全球南方的阶级分化，意味着环境政策和贸易条件特别（以及大多）有利于全球北方精英的利益——也包括全球南方精英的利益（Smith, 2016）。殖民主义和后殖民时期的经济状况导致大量的、补偿不足的自然财富从全球南方流失，并向全球出口有毒废弃物（Pellow,

①② 马克思，恩格斯. 马克思恩格斯文集：第 10 卷. 北京：人民出版社，2009：328.

2007）。帝国主义为了消除竞争，以及使殖民地的生产适应全球北方国家和地区（the global North）工业和零售中心的需要，破坏了殖民地工业和经济，建立了国家间的不平等交换模式，这种模式至今仍对世界产生影响（Foster and Holleman, 2014）。这种不平等的生态和经济交换是以全球北方对全球南方的欠债形式积累起来的。即使从市场角度来看，如果估值得当，从南方流出的经济和生态财富也应该可偿还所有南方国家的债务，其中大部分债务无论如何都是可憎的，是南方精英与北方金融家和承包商签订的合同造成的。

解决这一情况需要处理帝国主义国家的资本制度问题。人们会对资本主义能够解决生态危机的说法感到迷茫，同时也会对技术、“绿色”或公平贸易产品以及国际气候协定形成错误的信仰，这些原因都会使主流环境运动受到阻碍。

主流环境运动倡导者在向政治和经济精英们寻求援助时，往往依靠他们获得资金。这一运动的重要部分与那些最关心改造体系的人、全球工人阶级和被剥夺财产的人相隔绝。也就是说，他们本该克服由自然和人类的种族分裂所造成的历史分歧，但他们实际上并没有参与到这项艰巨但必要的任务之中，这是资本主义生态分歧的核心。主流的环境正义概念仍然狭隘，侧重于环境损害结果的不公平，或运动领导多样化的必要性，而不是解决社会分化和不平等的根源问题。

解决这些问题需要有更好的手段来替代那些针对与帝国主义和资本主义发展有关的历史变化的肤浅办法。那些公认的环保人士和其他活动人士，如历史学家和专注于美洲土著、妇女和种族研究的教授罗塞纳·邓巴–奥尔蒂斯（Roxanne Dunbar-Ortiz）写道：“安全地把过去的持续伤害和赔偿、归还和重新排序问题的责任放在一边”。(Dunbar-Ortiz, 2015: 5) 解决种族主义、土著压迫和其他形式的社会统治问题的肤浅做法排除了跨越历史社会分化的更深层次团结的可能性。然而，这种团结正是我们需要的，我们需要发起一个能够颠覆现状并做出改变社会、恢复生态和实现正义举动的人民运动。

马克思的《资本论》和其他著作为我们对于过去和现在的生态帝国主义的理解奠定了基础。理解生态帝国主义相对于资本主义的中心地位，以及超越两者的必要性，是消除许多主流环保人士错误假设的关键。对于那些错误假设，尤其值得一提的是，有些观点认为所谓的“自由国家”将通过国内法规或国际协议来维护我们未来的环境，并且环境正义与资本主义的运作是相容的、资本主义能够解决当今地球面临的生态危机。

面对带有意识形态和不符合历史规律的“神话”，我们最好是超越这些假设，我们要直面这些超越资本逻辑和资本系统的问题。这并不意味着我们放弃了关于重大改革的斗争，如有意义的环境政策和社会变化，这些改革减少了政治精英的垄断，支持各国人民的自决，结束了帝国的入侵，有助于终结警察的种族主义暴行，制止了针对妇女、移民、难民、活动家和男女同性恋者、双性恋者、跨性别者 (LGBT people) 以及其他特定群体的广泛暴力。这些以及其他的改革对于减轻痛苦、对抗压迫、扩大民主、解决紧迫的生态危机是必要的。然而，在资本主义社会，一切进步的变化只能通过不断的攻击和倒退，部分地实现其目标。因此，必须从社会革命化的，更广泛战略的角度来看待这些问题。换句话说，我们的努力最终只有在社会和生态的范围内是有意义的：(1) 促进了实质性物质和政治平等，换句话说，是为了增强相关生产者的自主能力（这意味着民主扩展到经济领域）；（2）以一切形式结束压迫和剥削；（3）最终目标是实现一个“每个人的自由发展是一切人的自由发展的条件”[①]的社会，以一种理性的方式来管理人类与“自然之间的物质交换”[②]联系起来的社会代谢。

生态社会主义的这些目标是：承认“只有社会主义的未来有希望实现可持续发展”。然而，正如活动家、作家克里斯·威廉姆斯（Chris Williams）所总结的那样：

> 因为有些东西是必要的，但也是可避免的。组织跟不上于需求的紧迫性。城乡工人阶级成为当今经济运转的一种政治力量，他们能够掌管生产机器，并以民主的方式转向满足人类的可持续性需要。我们只有在这个阶级的基础上组织和争取变革，才能使可能的未来成为现实。（Williams, 2010: 239）

参考文献

Beckert, S. (2014). *Empire of Cotton: A Global History*, New York: Knopf.

Blake, M. (2014). How Hillary Clinton's State Department Sold Fracking to the World.

Di Leo, L. (2010). Oil Spill May End Up Lifting GDP Slightly. *Wall Street Journal*.

DuBois, W.E.B. (2003[1920]). The Souls of White Folk. *Monthly Review*, 55(6): 44–58.

Dunbar-Ortiz, R. (2003). The Grid of History: Cowboys and Indians.

① 马克思，恩格斯. 马克思恩格斯文集：第 2 卷. 北京：人民出版社，2009：53.

② 马克思，恩格斯. 马克思恩格斯文集：第 5 卷. 北京：人民出版社，2009：56.

Monthly Review, 55(3).

Dunbar-Ortiz, R. (2015). *An Indigenous Peoples History of the United States*. Boston: Beacon Press.

Foster, J.B. (1999). Marx's Theory of Metabolic Rift: Classical Foundations for Environmental Sociology. *American Journal of Sociology*, 105(2): 366–405.

Foster, J.B. (2013). Marx and the Rift in the Universal Metabolism of Nature. *Monthly Review*, 65(7).

Foster, J.and Clark, B. (2003). Ecological Imperialism: The Curse of Capitalism. *Socialist Register*, 40: 186–201.

Foster, J.and Clark, B. (2009). The Paradox of Wealth: Capitalism and Ecological Destruction. *Monthly Review*, 61(6).

Foster, J.B, Clark, B.and York, R. (2011). *The Ecological Rift: Capitalism's War on the Earth*. New York: Monthly Review Press.

Foster, J.B.and Holleman, H. (2014). The Theory of Unequal Ecological Exchange: A Marx-Odum Dialectic. *The Journal of Peasant Studies*, 41(2): 199–233.

Greenpeace International(2015). Kumi Naidoo of Greenpeace Responds to Paris Draft Deal.

Holleman, H. (2012). Energy Policyand Environmental Possibilities: Biofuels and Key Protagonists of Ecological Change. *Rural Sociology*, 77: 280–307.

Holleman, H. (2015). Method in Ecological Marxism. *Monthly Review*, 67(5).

Indigenous Environmental Network(2016). Carbon Offsets Cause Conflict and Colonialism, *IC Magazine*.

Lugones, M. (2007). Heterosexualism and the Modern/Colonial Gender Order. *Hypatia*, 22(1): 186–209.

Magdoff, H. (1978). *Imperialism: From the Colonial Age to the Present*. New York: Monthly Review Press.

Marx, K. (1870). Letter to Sigfrid Meyer and August Vogt in New York.

Marx, K. (1990[1867]). *Capital, Volume 1*. New York: Penguin.

Marx, K. (1991[1863–65]). *Capital, Volume 3*. New York: Penguin.

Marx, K.and Engels, F. (1998[1848]). *The Communist Manifesto*. New York: Monthly Review Press.

Melillo, E.D. (2012). The First Green Revolution: Debt Peonage and the Making of the Nitrogen Fertilizer Trade, 1840-1930. *American History* Review, 117(4): 1028–1060.

Milman, O. (2015a). Earth Has Lost a Third of Arable Land in Past 40 Years, Scientists Say. *Guardian*

Milman, O. (2015b). James Hansen, Father of Climate Change Awareness.

Calls Paris Talks “a Fraud”. *Guardian*.

New York Times editorial board(2015). The Road to a Paris Climate Deal.14 December.

Pellow, D.N. (2007). *Resisting Global Toxics: Transnational Movements for Environmental Justice*, Cambridge, MA: MIT Press.

Pimentel, D. (2006). Soil Erosion: A Food and Environmental Threat. *Environment, Development and Sustainability*, 8(I): 119–137.

Randerson, J. (2015). A Story of Hope: The Guardian Launches Phase II of its Climate Change Campaign. *Guardian*.

Smith, J. (2016). Imperialism in the Twenty-first Century: Globalization, and Capitalism’s Final Crisis. New York: Monthly Review Press.

Waring, M. (1995). *Who’s Counting? Marilyn Waring on Sex, Lies and Global Economics*. Montreal: National Film Board of Canada.

Williams, C. (2010). *Ecology and Socialism*. Chicago: Haymarket.

Worland, J. (2015). World Approves Historic Paris Agreement to Address Climate Change. *Time Magazine*.

第 10 章

超越《资本论》的想象社会

彼得·胡迪斯

几乎没有比形成可行的替代资本主义的方案更深远地影响人类的问题了。世界范围内收入水平的不平等正在扩大，同时伴随着环境的严重破坏、社会异化的不断加深，人类和自然存在的基础正在被削弱。因为资本主义恢复了倒退的缺乏宽容的和对社会实施控制的形式——正如许多欧洲国家对非洲和中东难民的反应，以及美国排外主义者和种族主义者提出的所谓不断增加的威胁体现出来的——所以特别需要出现一种那些不满于现状的人期待的替代方案。

但是，迎接这种挑战并非易事，而且激进的理论家和活动家往往倾向于从过去得出诗一般的想法——即使它不再有多大的用途。几十年以来，许多左派代表人物已认为阐述后资本主义社会的具体形式和特征是乌托邦式的，甚至是无用的，因为历史唯物主义需要我们对产生资本主义社会的现存条件进行批判。但是，这种论断本质上是自我否定的，其原因有两个方面。第一，如果对当前条件的分析是最重要的，那么当马克思主义作为一种反对“乌托邦主义”的理论而产生的时候，为什么我们似乎正生活在 19 世纪中期呢？为什么重复不同领域的事实，而不是掌握我们自己时代的东西呢？

在经历了近100年的革命挫折、斯大林主义和社会主义改造的挫折之后，传统的反对设想一个新社会的观点在21世纪仍然有效，这真的是不言而喻的吗？当今的"物质条件"真的不能表明阻止有效地反对资本主义行动的最大障碍之一是在构想一个新社会，以替代由资本在各个方面支配的社会吗？第二，如果马克思主义理论的中心任务被界定为批判地分析现实，那么为什么假定对后资本主义的可能的未来的广泛讨论就是次序颠倒呢？我们是不是有可能对当前领域（不管多么隐晦地）体现的未来生活方式进行阐述呢？如果人们希望认为未来存在于现存的物质中，那么人们必然在逻辑上承认有必要阐述未来是什么。就辩证思维从客观现实出发阐述规范性价值来说，对客观现实的批判性分析不得不要求以某种方式概念化规范性价值。

我们当前面临的难题是替代资本主义这一形式的方案很不清楚——可能比以前更不清楚。人们一度可能声称取消私有财产和"自由"市场，将人类从资本主义、种族主义、性别歧视（sexism）和阶级统治的梦魇中解放出来。但是，考虑到资本的逻辑在社会上的扩散方式，且它又消灭了生产方式的私人所有制和不受约束的市场，今天这都不再可能了。资本主义已经证明它比许多激进的批判者所预想的更加有弹性，在很大程度上是因为过去设想的替代方案证明其在传递一种解放愿景时显得太陈旧。在我们生活的时代，我们需要构想出一个比现今能够看到的更加恰当的替代资本主义的概念。

为了迎接这种挑战，我们需要组织许多理论和概念资源。我们试图认为需要从马克思开始——正因为他的著作构成了对资本主义生产方式最重要的和不可替代的批判。因为他的整个著作是辩证的，所以就它从走向转型和解体的趋势出发看到了每一次社会转型和发展这点来说，它能够告诉我们许多关于构成后资本主义社会的东西。马克思没有写出关于未来的“蓝图”，也没有批判不是以对实际存在的社会现实的认真分析为基础的乌托邦设想，但是这并不意味着他缺乏社会主义和共产主义的明确概念。下面的情况也不是事实：只有在 20 世纪，马克思的后继者如考茨基、列宁、普列奥布拉任斯基、毛泽东等人才弄清楚了“社会主义”或“共产主义”社会的真正本质。正如我们在《马克思对于替代资本主义的理解》（*Marx's Concept of the Alternative to Capitalism*）中表明的，马克思的整个思想包含着对后资本主义社会的本质的极为重要的讨论，他的批判者以及他的后继者已经忽视了这一点。现在我们已经有了他的全部著作《马克思恩格斯全集》历史考证版（第二版），从他已经出版的著作和没有出版的著作出发，就有可能从如何提出当今寻求超越资本主义价值生产的路径的角度，重新建构一个他对于后资本主义社会的理解的总体框架。

关于指导我们研究所需要的辩证方法，从一开始就有两点：（1）我们只有首先掌握了什么东西并不构成一种替代方案，才可能形成一个真正的替代资本主义的方案。正如斯宾诺莎很久以前指出的，“所有的决定都是否定”。有着各种传统渊源的思想家——既有对马克思友好的，也有反对马克思的——已经设想了消灭代表资本主义和社会主义区分点的私有财产和不受约束的商品、劳动以及金融市场。本章将表明这种观点不管在马克思的文本中还是在实际的社会现实中都没有基础。实际上，在过去 100 多年里，许多自封的“社会主义”和“共产主义”与马克思对于超越资本主义的理解很少有联系，或者根本没有关系。（2）尽管马克思形成了社会主义 / 共产主义的明确的替代方案，但是它并不是建立在关于好生活的本质和历史应该遵循的理想模式的先验假设（priori assumption）的基础上的。像黑格尔一样，马克思认为客体产生它自身的知识范畴。他有意识地坚持黑格尔的观念，即“逻辑与关于物体的思想并没有关系，物体独立地处于思想之外，成为思想的基础……决定不仅仅是思想主体的决定，也是客体的决定”。（Hegel, 2010: 29-30）马克思在将这种观点贯彻到他考察的客体，即资本的批判分析的过程中，揭示了束缚人的创造性的支配方式，同时也包含着超越它的内在可能性。马克思用了大半生的时间阐述资本的逻辑，这不应该看作替代了阐述共产主义概念，而应该看作阐述共产主义概念的必要路径。

我们的分析有进一步的历史支撑点：马克思曾运用许多说法来表示后资本主义社会——“共产主义”“社会主义”“积极的人道主义”“集体生产”“自由王国”“自由联合体”，等等。这些术语在他的著作中完全可以互换。“社会主义”和“共产主义”成为社会的两种明显形式或历史发展阶段的看法与马克思的著作并不相容，只有在他死后才进入“马克思主义”范畴内。

我将通过简要地考察马克思的四部著作——他的《1844 年经济学哲学手稿》《1857–1858 年经济学手稿》《资本论》和 1875 年的《哥达纲领批判》，来表明这些观点。

马克思对于替代资本主义的设想建立在人的社会存在的具体概念的基础上。马克思在他的早期著作中认为，自由不仅是应该存在的东西，还是人类的本体论上的特征。他写道：“没有一个人反对自由，如果有的话，最多也只是反对别人的自由。”[①] 马克思所说的我们在我们的社会存在中而不是从社会存在出发找到自由的思想——不久他在他的人的“类本质”（species-being）理论中进行了阐述——成为他批判性地评价政治与经济现实的标准。马克思通过观测社会现实与我们的类本质所提示的可能之间的差距，建立了批判性判断资本主义最具神秘性的方面的规范性标准，并看到需要一种能够超越它的生活方式。

同时，马克思通过借鉴黑格尔的否定的辩证法，形成了构成替代资本主义的可行方案的鲜明理论。共产主义的基本思想——通过消灭私有财产公平地分配产品——在马克思之前早就有了。但是，对马克思来说，取消私有财产是解放的必要条件，并不是充分条件，这是因为它并没有触到劳动活动中的异化。马克思在《1844 年经济学哲学手稿》中形成了这种观点，他利用黑格尔的观点，即因为所有的否定依赖于批判的客体，所以对异化的超越要通过“否定的否定”。马克思写道：“粗陋的共产主义”（vulgar communist）迷恋取消私人财产只是又一次“抽象的”否定，这与资本主义迷恋替代类本质具有相同点；它只是“简单状态的倒退，一种虚假的普遍性”[②]。它本身并非马克思所称的“积极的人道主义才能产生”[③]。

重要的是，马克思并没有简单地指出，阶级关系可以保持不变，即使财产形式发生了重大变化（他的分析确实隐含了这一点）。他更进一步关注到“粗陋的共产主义”迷恋集体财产对性别关系的影响。马克思努力通过集体所有制替代私人所有制来界定解放，他写

① 马克思，恩格斯. 马克思恩格斯全集：第 1 卷. 北京：人民出版社，1995：167.

② 马克思，恩格斯. 马克思恩格斯文集：第 1 卷. 北京：人民出版社，2009：184.

③ 同 ②，216.

道："用公妻制——也就是把妇女变为公有的和共有的财产——来反对婚姻（它确实是一种排他性的私有财产的形式）。"事实上，"人们可以说，公妻制这种思想是这个还相当粗陋的和毫无思想的共产主义的昭然若揭的秘密"[①]。将妇女看作共同所有的客体根本不是传统婚姻的进步，因为"贪欲所采取的只是用另一种方式使自己得到满足的隐蔽形式"。对马克思来说，这证明了"粗陋的共产主义"迷恋财产形式的根本缺陷，因为"人对人的直接的、自然的、必然的关系是男人对妇女的关系……这种关系通过感性的形式，作为一种显而易见的事实，表现出人的本质在何种程度上对人来说成为自然，或者自然在何种程度上成为人具有的本质。因此，从这种关系就可以判断人的整个文化教养程度"[②]。他认为，性关系可衡量人们为了理解现实社会所采取的批判立场的有效性（或缺乏有效性）。因此，"把妇女当作共同淫欲的虏获物和婢女来对待，这表现了人在对待自身方面的无限的退化"[③]。

似乎性别问题与《1844年经济学哲学手稿》考察的核心目标，即阶级社会中劳动的本质，几乎没有什么联系。但是，马克思反对阶级社会，因为人类活动的产品——以及伴随着劳动的社会分工的社会本身——都呈现出它自身的生活，单个的主体面对的是分裂的个人，不管他\她的实际需要和愿望而将自己的意愿强加于他们。主体和客体的颠倒是马克思在分析资本主义时运用的关键的规范性原则，在马克思看来它也体现在黑格尔的以国家为主体的唯心主义神秘化中，而不是人类活动的表达中。他反对任何形式的个人受到社会关系和他所生产的产品的支配和制约。马克思和恩格斯在《德

① 马克思，恩格斯. 马克思恩格斯文集：第1卷. 北京：人民出版社，2009：183.
②③ 同①184.

意志意识形态》中表示，人们在“分工还不是出于自愿，而是自然形成的”时候，随着社会分工，“人本身的活动对人来说就成为一种异己的、同他对立的力量，这种力量压迫着人，而不是人驾驭着这种力量”①。马克思和恩格斯认为，这种社会分工的第一次历史表现为“家庭中，妻子和儿女是丈夫的奴隶”②。所以，马克思反对“粗陋的共产主义”，因为它迷恋用集体财产替代私有财产，而使任何形式的阶级社会的特征，即男人 / 女人关系之间异化和倒置的特征没有改变。任何社会形式，甚至是以“共产主义”为名的社会形式，并没有改变人与人不合理关系的最根本方式。

马克思在这里批判的目标比任何财产形式都更加深刻。他在 1844 年写道：“因为人们谈到私有财产时，总以为是涉及人之外的东西。而人们谈到劳动时，则认为是直接关系到人本身。问题的这种新的提法本身就已包含问题的解决。”③ 这里，我们看到马克思彻底走向了人道主义。关注改变财产的形式——也就是关注劳动的产品——并没有触及核心问题，因为它仍然在处理“人之外的东西”，同时没有涉及它内在的东西——生产场所中和两性之间的人的关系。马克思通过将批判的目标从财产形式转向生产关系的更深层面，就能够触及人的关系的神经以及那些不仅关注阶级而且关注性别的人。这种现存事物的状况的替代方案中的“新的提法本身就已包含问题的解决”，现在被看作新的人的关系，不再具有主体—客体颠倒的特征。

所以，马克思得出结论说，为了实现真正自由的社会，否定

① 马克思，恩格斯. 马克思恩格斯文集：第 1 卷. 北京：人民出版社，2009：537.
② 同 ①，536.
③ 同 ①，168.

私人财产的关注点本身也必须要否定，实现社会生产关系的彻底转变。在这个基础上，他（在1844年）认为，真正的“共产主义是作为否定的否定的肯定”①。

在1844年至1846年的著作中，马克思的分析对“人的本质以非人的方式在同自身的对立中的对象化”②中的所有关系提出质疑。他随后的著作关注根除现在社会的阶级关系，这是他构想人类关系转型的组成部分。这与传统的关注财产形式和市场关系的看法相去甚远，而激进学者的特征就是关注财产形式和市场关系——不管在马克思那个时代还是后来的很长一个时期。

另外，“私有财产”不仅仅指的是生产方式的私人或个人所有。对马克思来说，“私有财产”表明以牺牲“绝大多数人”③为代价，由少数人占有生产方式。《共产党宣言》将这看作资产阶级的“阶级的所有制”④。相反，很多人已经假定完全可以消灭个人私有制，将生产方式的控制权转给国家。但是，如果国家是不民主的，如果工人和农民并不实际控制生产方式，那么又会发生什么呢？财产形式是法律关系，而对任何马克思主义者来说，基本问题是生产关系。如果官僚集团控制了后者，就很难界定马克思所说的生产方式怎样

① 马克思，恩格斯. 马克思恩格斯文集：第1卷. 北京：人民出版社，2009：197.

② 同①，203.

③ 马克思，恩格斯. 马克思恩格斯文集：第2卷. 北京：人民出版社，2009：42.

④ “废除先前存在的所有制关系，并不是共产主义所独具的特征……例如，法国革命废除了封建的所有制，代之以资产阶级的所有制。共产主义的特征并不是要废除一般的所有制，而是要废除资产阶级的所有制。但是，现代的资产阶级私有制是建立在阶级对立上面、建立在一些人对另一些人的剥削上面的产品生产和占有的最后而又最完备的表现。”（马克思，恩格斯. 马克思恩格斯文集：第2卷. 北京：人民出版社，2009：45.）

才可以被认为是存在的。在这些基础上，马克思在他的著作中经常与那些主张中央集权的社会主义者进行争论，这些社会主义者认为将所有权从单个的私人转向某些程度上无差异的“集体”就构成了社会主义。

马克思对于后资本主义社会的理解因而不仅仅来源于对资本主义社会关系的详细批判，还来源于对那些接受各种“社会主义”和“共产主义”，与他本人进行争论的左派的批判。这也明显体现在他对皮埃尔－约瑟夫·蒲鲁东（Pierre-Joseph Proudhon）的观点的批判上。蒲鲁东认为通过“组织交换”和引入工资平等，可以促进社会产品的公平分配，从而“转变”资本主义。马克思认为，这不仅没有提出异化劳动的问题，还企图通过使旧的劳动工资原则普遍化的方式来界定“新”社会。马克思认为，蒲鲁东没有看到劳动与货币价值相等的要求并不能打破资本主义将劳动活动降为无差异的等价物，即“抽象劳动”这一点，所以“蒲鲁东也只能使今天的工人对自己的劳动的关系变成一切人对劳动的关系。这时社会就被理解为抽象的资本家”①。

马克思在他的成熟的政治经济学批判中进一步发展了这一点。他表明，资本主义的目标并不是产生物质财富或满足使用价值。它的目标是增加交换价值。使用价值是一个有限的量——人们只能使用那么多鞋子、衣服或食物。但是，交换价值是一个潜在无限的量。这是因为交换价值是价值的现象上的表现。商品的价值的基础并不是生产它所耗费的实际时间量，而是生产它所需要的社会必要劳动时间量。一个工人可能花费 10 个小时生产一件产品，但是

① 马克思，恩格斯. 马克思恩格斯文集：第 1 卷. 北京：人民出版社，2009：167.

并不意味着他已经从事了10个小时的价值创造的劳动。如果创造产品在世界上平均的必要劳动时间只有6个小时，那么这个工人的另外4个小时就不会产生任何价值。所以，这个工人常常被迫保持与不断变化的社会平均量——社会必要劳动时间相一致的生产。这个工人并不控制时间；相反，时间使工人成为一个“分裂的人”，使工人屈从于“它”的愿望。正如马克思主义—人道主义哲学家拉亚·杜纳耶夫斯卡娅（Raya Dunayevskaya）所指出的：“社会必要劳动时间是实现所有具体劳动向抽象劳动巨大转变的机器的侍女。不断的技术革命改变着多少劳动才是社会必要的……所有人都必须使自己屈从于新确立的耗费在商品上的社会必要劳动时间。”（Dunayevskaya, 2000: 105）

这意味着在资本主义条件下，实际的、具体的劳动并不是价值的源泉。价值的源泉是抽象劳动——这是一种受到与劳动者的感觉上的需要和特征不相关的社会平均量支配的特定劳动形式。具体劳动与抽象的、无差异的或同质的劳动之间的分裂界定了资本主义，并对人类和自然的存在的所有方面都产生极坏的影响。

突出的是，许多关于马克思的评论家继续忽视他对于价值和交换的基本区分以及他对于劳动二重性的理解——尽管马克思认为后者是对于政治经济学批判的“唯一贡献”。例如，伊丽莎白·格罗斯（Elizabeth Grosz）写道：

> 劳动的特性已经同化在商品生产的体制中，这种劳动从它自身之外获得它的价值，使自己与另一些东西相等（它的交换价值）。劳动反映在整体商品的形式中，它体现为使用价值，然后又通过交换价值而均质化，劳动的差异被安排进等级结构

的体制中。（Grosz, 2004: 37）

相反，马克思认为，劳动的均质化发生在商品交换之前，早在生产过程中它就屈从于社会必要劳动时间的“规则”。这种均质化使商品交换普遍化成为可能。具体的和抽象的劳动并不是劳动的两个分离的要素——一个是当产品被生产时才产生，另一个是当它被交换时才产生——而是当面对社会必要劳动时间的“等级”时，两者同时发生。如果从不同的观点出发，人们就会假定用“组织交换”来代替转变生产关系，就能根除资本主义。

迫使人们遵循不断变化的抽象平均会不会有结束的时候呢？是不是存在驱使人们遵循价值生产的支配的有限约束呢？确实不是，因为支配人的东西是抽象平均，通过定义就可以看出它逃避了有限约束。从资本的立场看，从来不会从工人身上榨取了“足够”的价值。在生产产品中创造价值的量一旦是一定的，那么社会必要劳动时间就要进一步减少——贬值的部分就是先前生产的部分减去商品的价值。工人在前一个周期里必须在更短的时间生产更多，才能赶上价值生产的水平。这个过程从来不会终止。价值生产从它的本质上看是无休止地寻求一个无限的量。

毋庸置疑，自然资源是一个有限的量。但是，忽视了所有这些，资本会这样说：“我们如果不利用更多的自然资源，就不可能在更短的时间里生产更多的产品，这只是经济进步必须付出的代价。”结果是，自然环境仅仅被认为是“外部性”的，并不会被包括在生产成本里。剥削和掠夺自然的过程像推动价值增长本身一样是无情的。

资本主义因此建立在时间的具体方式的基础上——抽象的、普遍的劳动时间——将联合的生产的整体分裂为单个的人。这是社会统治的第一种（并且，对马克思来说是最后一种）抽象形式，在这里，时间不再建立在具体的条件和环境基础上，而是具有固定的、对象化的形式，与单个人感官上的需要并不相关。

这个时间问题将我们带到了马克思批判资本的核心——以及他是如何理解对它的超越的。劳动者与劳动产品的异化——并且，反过来受到它的统治——就相当糟糕了。但是，时间使任何一种外在的、空间上的客体具有基础，并因此成为可能的内在性。正如康德在他的“第一批判”（first critiques）中表明的，时间就是“（我们心灵的）内在直觉的当前条件，因此也是外部表面的当前条件”（Kant, 1998: 181）。时间——活的时间，所有都具有其流动性和变化，是最内在于我们主观经历的。它构成了我们在这个世界上的类本质。正如卡列·柯西克（Karel Kosik）指出的，“人了解他的生命有限，只是因为他在劳动的基础上将时间组织成为客观的行为，成为一个形成社会—人类现实的过程。没有这种人类将时间组成为未来、当前和过去的客观行为，一个人就不可能知道他的全部”（Kosik, 1976: 123）。但是，在资本主义体系下，我们变得异化于我们关于时间的主观经验，就在于它采取了固定的、凝固的、对象化的形式。时间现在使个人面对一种抽象的、不可渗透的、客观的力量，使劳动的行为屈从于它的决定。人类再也不像前资本主义社会那样组织时间；时间现在组织人类。因此，我们不再将世界理解为我们自己的主观活动的产物。社会总体性变得神秘化；人的关系采取了物与物之间的关系的形式，物似乎有了它们自己的生活，似乎从死亡中苏醒过来。我们变得与构成我们关于世界的经验的基础的东西相异化。

马克思对于资本主义批判的核心就在这里。它是对资本主义价值生产的批判，这比仅仅反对私有财产和“市场无政府状况”更深刻——尽管马克思确实也批判二者。他写道：在资本主义社会，“不应该说，某人的一个工时和另一个人的一个工时是等值的，更确切的说法是，某人在这一小时中和那个人在同一小时中是等值的。时间就是一切，人不算什么；人至多不过是时间的体现”[①]。

马克思通过确定他在政治经济学批判中的资本主义核心矛盾，得到了后资本主义社会的明确概念——它与他那个时代以及后来以他的名义进行统治的人的“社会主义的”和“共产主义的”替代方案明显不同。

马克思将资本主义的核心问题看作基于这样的事实，即“个人从属于像命运一样存在于他们之外的社会生产”，新社会将这种被颠倒的东西再颠倒过来，“社会生产并不从属于把这种生产当作共同财富来对待的个人”[②]。他在《1857–1858 年经济学手稿》中用很长的一段来阐述这一观点，在这里他强调在社会主义或共产主义社会中，“劳动只有通过交换才能成为一般劳动”，这是因为：

> 生产的共同性一开始就使产品成为共同的、一般的产品。最初在生产中发生的交换——这不是交换价值的交换，而是由共同需要、共同目的所决定的活动的交换——一开始就意味着单个人参与共同的产品界。[③]

---

① 马克思，恩格斯. 马克思恩格斯全集：第 4 卷. 北京：人民出版社，1958：96–97.

② 马克思，恩格斯. 马克思恩格斯文集：第 8 卷. 北京：人民出版社，2009：52.

③ 同 ②，66.

价值生产——对于马克思来说，是资本主义的特征，并且只属于资本主义——导致人与人之间的关系是间接的社会关系，因为人们是通过抽象的支配形式，如货币彼此联系在一起的。相反，在社会主义或共产主义社会中，劳动以“生产的共同特征”为基础，在产品交换之前就具有“普遍的特征”。这一切是通过生产者自由的、民主的协商发生的，而这些生产者控制着生产方式——不是名义上的，而是实际上的。一旦实现了这一点，普遍的商品生产就走向终结。换言之，只要新的、自由联合的、非异化条件下的劳动存在，交换价值——它是以抽象劳动为基础的价值生产现象的表现——就会取消。自由联合的个人通过以他们的需要为基础的计划，而非通过独立于他们并统治他们的形式，如国家和市场分配生产要素——包括他们在其社会生产中投资或未投资的时间量。

在后资本主义社会，劳动成为直接社会性的，因为人的决策和行为而不是存在于他们之外的自发力量（如交换价值）干预他们的交往。马克思在《1857–1858 年经济学手稿》中将这一点看作“自由个性的王国”。资本本身使这种向自由王国的飞跃成为可能，它通过以前所未有的规模发展起来的生产力，产生了大量新的需要。不言而喻，这些新的需要出现于异化的形式和条件下。这些需要中有一些可能是危险的或多余的。但是，一旦价值外衣被剥掉，就可能释放出旧社会内部包含着的新社会形式。这里最重要的是需要本身的多样性。马克思并不认为新社会就是倒退到前资本主义生活的“自然简单”，更不用说物质贫困了。他认为，新社会是“人的生命表现的总体”①。价值生产为这种精神上的可能创造了物质条件，甚

① 马克思，恩格斯. 马克思恩格斯文集：第 1 卷. 北京：人民出版社，2009：188.

至因为它本身就束缚它的实现。客体产生它自身的知识范畴——在这个意义上，后资本主义社会的知识超越了价值生产层面。

马克思在《资本论》第 1 卷的“商品的拜物教性质及其秘密”中进一步阐述了这一观点。商品拜物教既不会通过发现劳动是价值的源泉来消除，也不会通过发现无产阶级作为革命阶级来消除。这是因为“在生产者面前，他们的私人劳动的社会关系就表现为现在这个样子，就是说，不是表现为人们在自己劳动中的直接的社会关系，而是表现为人们之间的物的关系和物之间的社会关系”[①]。他写到，因为商品拜物教对于资本来说是“有社会效力的”，“一旦我们逃到其他的生产形式中去，商品世界的全部神秘性，在商品生产的基础上笼罩着劳动产品的一切魔法妖术，就立刻消失了”[②]。然后，他写道：“让我们换一个方面，设想有一个自由人联合体，他们用公共的生产资料进行劳动。”[③]在这种未来的后资本主义社会中，产品“直接是他的使用物品”，并不呈现出价值形式。劳动者决定如何生产、分配和消费总的社会产品。一部分社会产品重新作为生产资料；其他部分产品作为“生活资料由联合体成员消费”[④]。马克思既没有要求市场也没有要求国家成为实现生产要素分配的工具；相反，由那些不再屈从于社会必要劳动时间的人实施劳动时间自由的按计划分配。

尽管马克思提到了同商品生产的“对比”在于“每个生产者在生活资料中得到的份额是由他的劳动时间决定的”[⑤]，但是，他并不表明社会主义或共产主义由社会必要劳动时间支配。社会必要劳

① 马克思，恩格斯. 马克思恩格斯文集：第 5 卷. 北京：人民出版社，2009：90.
② 同 ①，93.
③④⑤ 同 ①，96.

动时间和实际的劳动时间之间存在着巨大差异。社会必要劳动时间使人与人分离，不管个人感觉上的需要如何；而实际劳动时间是干预个人与自然关系的个人有感觉的活动时间。只有在等价交换的意义上商品生产才有类似之处，即它将劳动时间投入共同体，同时从中得到同样的时间量（劳动的既定时间）生产出来的物品和服务。但是，因为没有社会平均支配这种交换，所以商品生产因此走向终结。[①]

马克思在 1875 年《哥达纲领批判》中对这种对于后资本主义社会的看法进行了进一步阐述。《哥达纲领批判》在马克思著作中第一次提出共产主义的低级和高级阶段的区分。他写到，在低级阶段，“我们这里所说的是这样的共产主义社会，它不是在它自身基础上已经发展了的，恰好相反，是刚刚从资本主义社会中产生出来的”[②]，在这个最初阶段，“生产者不交换自己的产品；用在产品上的劳动，在这里也不表现为这些产品的价值，不表现为这些产品所具有的某种物的属性，因为这时，同资本主义社会相反，个人的劳动不再经过迂回曲折的道路，而是直接作为总劳动的组成部分存在着”[③]。

① 区分实际劳动时间和社会必要劳动时间是极为重要的，因为将两者混同起来就会导致这样一种错误的结论，即马克思设想价值生产在后资本主义社会会继续运行。格奥尔格·卢卡奇（Georg Lukacs）在他的《社会存在的本体论》（*Ontology of Social Being*）和《民主化的进程》（*The Process of Democratization*）中就错误地混同了。他写道：“对马克思来说，劳动剥削在社会主义可能存在，如果劳动时间从劳动者中被剥夺，因为‘每个生产者在生活资料中得到的份额是由他的劳动时间决定的’……对马克思来说，价值规律并不依赖于商品生产……根据马克思的观点，这些古典的范畴适用于任何生产方式。”（Lukacs, 1991: 120–121）

② 马克思，恩格斯. 马克思恩格斯文集：第 3 卷. 北京：人民出版社，2009：434.

③ 同 ②，433–434.

普遍化的商品交换只能在存在一种相应的社会物质——抽象劳动——时才有可能，这会使不同的劳动产品可以普遍地进行交换。但是，随着生产方式的“共同占有”，抽象的或异化的劳动走向终结。因为抽象劳动是价值的本质，所以价值生产甚至在社会主义的低级阶段就走向终结。

马克思指出，资本主义和新社会的最“有缺陷的”或最初的阶段存在根本不同。对马克思来说，“社会主义”或“共产主义”并不是价值的更平等的分配。它从一开始出现起就取消价值生产。但是，这仍然是最初的阶段，因为等价交换继续盛行——尽管形式发生了根本变化：“每一个生产者，在作了各项扣除以后，从社会领回的，正好是他给予社会的。他给予社会的，就是他个人的劳动量。”个人从社会所得到的一张凭证或劳动券是他“提供了多少劳动（扣除他为公共基金而进行的劳动）”，通过它从“社会储存中领得一份耗费同等劳动量的消费资料”[①]，这概括了马克思早先在《资本论》中所阐述的思想。马克思又一次表明工人的劳动不是在社会平均劳动时间基础上进行计算的。这里，劳动时间仅仅指的是共同体中既定的个人完成的实际工作时间量。

但是，低级阶段的报酬形式是有缺陷的，因为它建立在一种“补偿”（quid pro quo）的基础上。个人以劳动时间的实际数量从社会上得到他投入的部分。交换价值被取消了，但是以“相同标准”的劳动时间的实际量为基础的交换仍然存在。马克思承认，这种相同的标准或权利“按照原则仍然是资产阶级权利”。这是因为“生产者的权利同他们提供的劳动成比例”。因为一些人可能比另一些

① 马克思，恩格斯. 马克思恩格斯文集：第 3 卷. 北京：人民出版社，2009：434.

人工作时间更长，所以他们得到的报酬在量上将存在不平等。运用相同的标准——根据实际劳动时间得到报酬——产生了不同的结果。阶级不再存在，但是基于薪酬水平的社会差异仍然存在。这是不幸的，但是不可避免，因为“权利绝不能超出社会的经济结构以及由经济结构制约的社会的文化发展”①。相反，当我们进入共产主义的高级阶段，我们推行的是完全不同的规则——“各尽所能，按需分配！”②报酬不再以个人贡献的劳动时间的量为基础。实际劳动时间不再是社会关系的一种尺度。任何“相同标准”都不会被运用于更高的阶段。资产阶级权利和自然需要因此被抛弃。生产者仅仅从共同的库房里取出他们需要的东西，他们也会在其自然的和已经取得的能力的基础上尽其所能地奉献社会。这不再涉及补偿。但是，只有当我们完全清除自身的旧社会的痕迹时，才能实现这一点。

马克思的共产主义阶段的概念不应当混同于“无产阶级专政”，他在《哥达纲领批判》中将“无产阶级专政”界定为资本主义和共产主义之间的政治过渡时期：“无产阶级专政”“在资本主义社会和共产主义社会之间，有一个时期……这个时期的国家只能是无产阶级的革命专政。”③后者代表由“绝大多数”即生产者民主管理的社会，他们通过社会生产关系的革命化，运用政治权力作为消灭阶级统治的杠杆。恩格斯在1891年《爱尔福特纲领草案批判》④中明确地指出了这个政治过渡时期的民主特征：“如果说有什么是毋庸置

① 马克思，恩格斯. 马克思恩格斯文集：第3卷. 北京：人民出版社，2009：435.

② 同①，436.

③ 同①，444.

④ 这里提到的《爱尔福特纲领草案批判》是指《1891年社会民主党纲领草案批判》（马克思，恩格斯. 马克思恩格斯文集：第4卷. 北京：人民出版社，2009：403–421.）。

疑的，那就是，我们的党和工人阶级只有在民主共和国这种形式下，才能取得统治。民主共和国甚至是无产阶级专政的特殊形式”①。马克思和恩格斯用“专政”这个术语是从罗马法的角度理解的——罗马元老院（the Roman Senate）在一个限定的时期里选择一个地方官来处理紧急事务，他的统治在任期结束就完结了。正如诺尔曼·莱文（Norman Levine）已经指出的，它与后来列宁主义关于垄断权力的政党领导的延长的“过渡阶段”（transitional phase）的概念没有关系。马克思讨论的政治过渡时期并不是明显的社会形态，因为它处在资本主义社会与社会主义或共产主义社会之间。相反，它是一个政治阶段，旧的生产方式在这个阶段通过不断革命的过程而被削弱和否定。一旦这个过程完成了，无产阶级专政就成为多余的，因为随着阶级社会和价值生产的取消，无产阶级就会和所有其他阶级一样被取消。然后，出现的是共产主义第一阶段或最初阶段，在这个阶段占主导的是一种全新的生产关系形式。

确实，列宁在 1917 年的《国家与革命》(*State and Revolution*) 一书中通过回顾马克思 1875 年的《哥达纲领批判》(以及《路易·波拿巴的雾月十八日》)，做出了极为重要的贡献，从而阐明了需要打碎而不仅仅是接管现存的资本主义国家（许多从那时起的“社会主义革命”根本没有遵循他的告诫）。但是，列宁在著作中把水搅得更浑：“通常所说的社会主义，马克思把它称作共产主义社会的‘第一’阶段或低级阶段。”②实际上，马克思并没有做出这种区分；对他来说，社会主义和共产主义是可以互换的术语。另外，列宁认为：“在消费品的分配方面存在着资产阶级权利，那当然一定要有资产

① 马克思，恩格斯. 马克思恩格斯文集：第 4 卷. 北京：人民出版社，2009：415.
② 列宁. 列宁专题文集·论社会主义. 北京：人民出版社，2009：38.

阶级国家，因为如果没有一个能够强制人们遵守权利准则的机构，权利也就等于零。”[①]尽管马克思设想社会产品的分配是通过生产者的集体商议来实现的，但是列宁明显认为如果没有集中的国家，这是不可能的。所以，列宁认为：“共产主义社会第一阶段，全体公民都成了国家（武装工人）雇用的职员”[②]。但是，马克思在讨论在共产主义低级阶段根据劳动时间进行分配时，从来没有提到国家的存在。他也不可能提到它，因为国家是建立在社会分化为阶级的基础上的——这在社会主义或共产主义阶段就不再存在了。另外，马克思并没有（像列宁那样）说：“全体公民都成了一个全民的、国家的‘辛迪加’的职员和工人。全部问题在于要他们在正确遵守劳动标准的条件下同等地劳动，同等地领取报酬。”[③]马克思的《哥达纲领批判》中根本没有“社会主义”条件下存在工资劳动的让步。

列宁的解读具有重要后果，人们看到它如何直到今天仍然继续对准确理解马克思的文本产生障碍。最近的研究认为：“我们通过建立新国家使劳动力私人所有从属于它，形成新的社会生产关系，从而**在它自身的基础上**建立共产主义社会。”（Lebowitz, 2015: 71）[④]这里，不仅国家被引入共产主义的低级阶段——它还存在于高级阶段！国家现在被崇拜到了成为人类存在的永久事实的地步。

马克思之后的马克思主义者混淆了“无产阶级专政”和新社

---

① 列宁. 列宁专题文集 · 论社会主义. 北京：人民出版社，2009：38–39.

② 同 ①，40.

③ 同 ①，40–41.

④ 黑体部分是我强调的内容。黑体部分极为重要，因为它清楚地表明莱博维奇所指是马克思对于共产主义高级阶段的讨论（根据马克思的说法）“在它自身基础上已经发展”（马克思，恩格斯. 马克思恩格斯文集：第 3 卷. 北京：人民出版社，2009：434.）。

会的最初阶段，已经假定国家——它的某些形式在政治过渡时期盛行——也继续在社会主义 / 共产主义模式下占主导地位。这从来不是马克思的观点，马克思的实际著作中清楚地表明了这一点，他也没有在任何地方将社会主义 / 共产主义等同于国家统治。对马克思来说，国家是阶级社会的“赘生物”，它在社会主义模式下会被取代。①

我们用新眼光仔细考察马克思的整个著作，就会发现更多关于资本主义替代方案构成的观点。这里，我只能指出马克思直接探索许多地方中的几个。同时，马克思关于后资本主义社会的观点与他的批判者和他的许多继承者已经强加给他的理论之间的差距同样明显。过去一个世纪堆积在马克思身上的一层厚厚的残渣，已经掩盖了他的解放计划的真正本质。因为许多以这一解放计划的名义统治的替代方案已经消耗殆尽，现在是时候回到本源，勾勒出马克思的观点对于我们生活和时代的意义。确实，马克思说的一些东西并没有成为现实。但是，对我们来说难道不该是时候搞清楚他实际说了什么吗？我们在这样做的过程中，可能发现现实不是因为他说了什么；相反，重要的是我们在过去 100 年经历的现实表明他说的是正确的。

参考文献

Dunayevskaya, R. (2000). *Marxism and Freedom, from 1776 Until Today*. Amherst, NY: Humanity Books.

① 梅恩忽略了深得多的东西：**国家**的看来是至高无上的独立的存在本身，不过是**表面的**，所有各种形式的国家都是**社会身上的赘瘤**；正如它只是在社会发展的一定阶段才**出现**一样，一旦当社会达到迄今尚未达到的阶段，它也会消失。（马克思恩格斯全集：第 45 卷. 北京：人民出版社，2003：646.）

Engels, F. (1990). A Critique of the Draft Program of 1891. *In Marx-Engels Collected Works*, Volume 27 New York: International Publishers.

Grosz, E. (2004). *The Nick of Time: Politics, Evolution, and the Untimely*. Durham, NC: Duke University Press.

Hegel, G.W.F. (2010). *Science of Logic*. Cambridge: Cambridge University Press.

Hudis, P. (2012). *Marxs Concept of the Alternative to Capitalism*. Leiden: Brill.

Kant, 1. (1998). *Critique of Pure Reason*. Cambridge: Cambridge University Press.

Kosik, K. (1976). *Dialectics of the Concrete: A Study on Problems of Man and World*. Dordrecht-Holland: D. Reidel.

Lebowitz, M.A. (2015). *The Socialist Alternative: From Gotha to Now*. New York: Monthly Review.

Lenin, V.I. (1972). *The State and Revolution*. Moscow: Progress Publishers.

Levine, N. (2015). *Marx's Rebellion Against Lenin*. New York: Palgrave Macmillan.

Lukacs, G. (1991). *The Process of Democratization*. Albany, NY: SUNY Press, 1991.

Marx, K. (1972). *Ethnological Notebooks*. Assen: Van Gorcum.

Marx, K. (1975a). Debates on Freedom of the Press. *In Marx-Engels Collected Works*, Volume I. New York: International Publishers.

Marx, K. (1975b). *Economic and Philosophic Manuscripts of 1844*. In *Marx-Engels Collected Works*, Volume 2. New York: International Publishers.

Marx, K.(1976). *The Poverty of Philosophy*. In *Marx-Engels Collected Works*, Volume 6. New York: International Publishers.

Marx, K. (1977). *Capital, Volume* 1. New York: Penguin.

Marx, K. (1986). *Grundrisse*. In *Marx-Engels Collected Works*, Volume 28.

New York: International Publishers.

Marx, K. (1989). *Critique of the Gotha Program*. In *Marx-Engels Collected Works*, Volume 24. New York: International Publishers.

Marx, K. and Engels, F.(2014). *Marx and Engel's German Ideology. Manuscripts: Presentation and Analysis of the Feuerbach Chapter*. New York: Palgrave Macmillan.

Marx, K. and Engels, F. (1976). Manifesto of the Communist Party. In *Marx-Engels Collected Works,* Volume 6. New York: International Publishers.

Marx, K. and Engels, F. (2014). *Marx and Engels' German Ideology. Manuscripts: Presentation and Analysis of the Feuerbach Chapter.* New York: Palgrave Macmillan.

Reading *Capital* Today: Marx after 150 Years

ISBN: 978-0-7453-9971-3

北京阅想时代文化发展有限责任公司为中国人民大学出版社有限公司下属的商业新知事业部，致力于经管类优秀出版物（外版书为主）的策划及出版，主要涉及经济管理、金融、投资理财、心理学、成功励志、生活等出版领域，下设“阅想·商业”“阅想·财富”“阅想·新知”“阅想·心理”“阅想·生活”以及“阅想·人文”等多条产品线，致力于为国内商业人士提供涵盖先进、前沿的管理理念和思想的专业类图书和趋势类图书，同时也为满足商业人士的内心诉求，打造一系列提倡心理和生活健康的心理学图书和生活管理类图书。

《美德反思：行善的边界与智慧》

- 如何面对苦难、充实生活、体验深刻的精神并迎来个人的成长？
- 作者在本书中将悬崖边缘比喻成人生的危难时刻，讨论了被她称为“边缘心理学”的五个重要特质，即利他主义、移情、正直、尊重和参与。
- 这五个因素既是性格优势的缩影，又是个人和社会苦难形成的原因。只有在面临人生绝境时，这五个心理因素才能开放，帮助我们认识真正的自己。

《这才是经济学的思维方式：看穿被谬误掩盖的经济学真相（第2版）》

- 斯坦福大学高级研究员、美国当代自由主义经济学大师经典之作。
- 教你学会用正确的经济学思维方式，去看穿被谬误掩盖的经济学真相，以及经济运行中看似合理的各类问题，以看清各类政治经济政策的本质。

《思辨与立场：生活中无处不在的批判性思维工具》

- 风靡全美的思维方法、国际公认的批判性思维权威大师的扛鼎之作，带给你对人类思维最深刻的洞察和最佳思考。
- 北京师范大学心理学院院长许燕、对外经济贸易大学英语学院院长王立非作序推荐。

《好奇心：保持对未知世界永不停息的热情》

- 《纽约时报》《华尔街日报》《赫芬顿邮报》《科学美国人》等众多媒体联合推荐。
- 一部关于成就人类强大适应力的好奇心简史。
- 理清人类第四驱动力——好奇心的发展脉络，激发人类不断探索未知世界的热情。

《GDP 简史：论 GDP 对世界政治经济格局的影响》

- GDP 已经成为全世界最强大的国家发展和进步统计指标，从国家到地方的各级政府都把 GDP 的增加作为最高的经济目标。
- 本书作者追根溯源，通过对相关历史人物、背景与事件的描述，带领读者穿越到早年的英国、德国和美国，让读者亲历 GDP 的前世与今生，并对其当今的地位进行反思甚至是予以改变。

《世界金融简史：关于金融市场的繁荣、恐慌与进程》

- 华尔街 20 多年资深基金经理畅销之作！
- 汇集近五个世纪著名金融事件，从历史维度窥探金融发展，以金融视角回顾历史进程。